AF242137

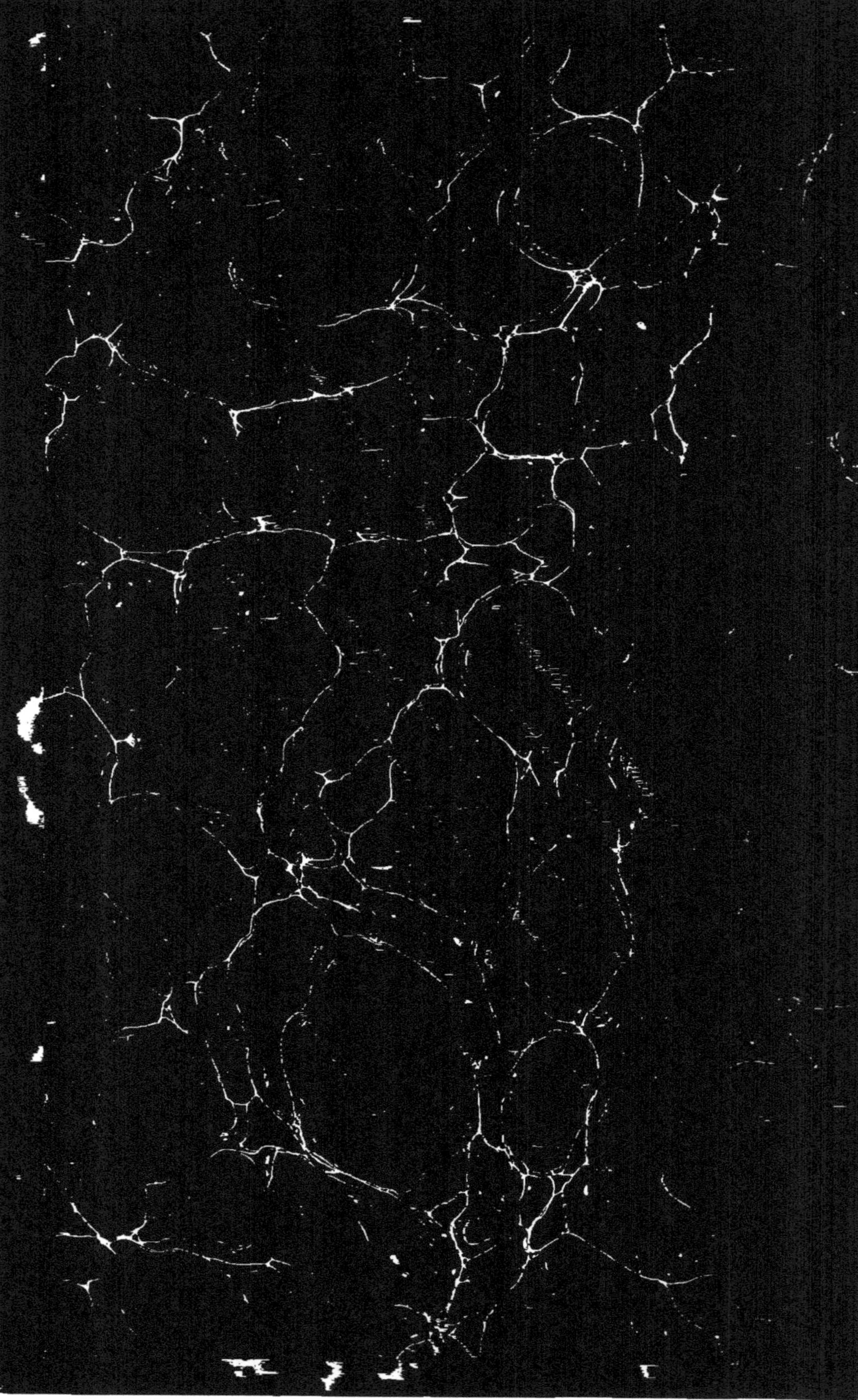

COUP D'OEIL

SUR

LA CAMPAGNE DE RUSSIE

EN 1812,

Par M. le Capitaine **PHILIP**.

TOULOUSE.

IMPRIMERIE DE Phe **MONTAUBIN**,

PETITE RUE SAINT-ROME, 1.

1845

Nous allons publier sur la campagne de Russie quelques notes importantes dont nous devons la bienveillante communication à un brave officier, qui cherche aujourd'hui dans l'étude les moyens d'achever une vie brillamment commencée sur les champs de bataille. Il n'est pas l'auteur du livre qui les renferme, mais ce livre est une relique pour lui, car il émane d'un frère enlevé bien jeune à son amour, à sa reconnaissance. La publication qu'il nous autorise à faire aujourd'hui sera l'unique mais précieux monument qu'il veut, aidé de sa vénérable mère, élever sur une tombe dont vingt ans de regrets le séparent, mais vers laquelle le ramène sans cesse le souvenir de celui qu'il a perdu. Parmi ceux qui liront ces lignes, il en est plusieurs qui savent si le capitaine Philip était digne de l'admiration qu'avait pour lui son frère, et qu'ici même, à Toulouse, de nombreux amis lui avaient vouée.

C'est à Saratof, sur les rives du Volga, que M. Philip, à peine âgé de 22 ans, et lieutenant aux flanqueurs de la jeune garde, a voulu charmer un peu les jours d'une captivité qui pouvait être bien longue, en mettant par écrit ce qu'il avait éprouvé de douces émotions ou de rudes souffrances au service de son pays. Bien qu'il ne raconte que ce qu'il a vu, que les événements auxquels il s'est mêlé, il y a néanmoins dans son récit de fréquentes excursions hors de son véritable sujet, excursions qu'il est d'autant plus nécessaire de faire connaître que les détails dont elles sont semées offrent le plus souvent un intérêt majeur.

Le livre dont nous parlons, se divise en quatre parties, dont voici la substance : 1º Voyage de Paris à Wilna ; — 2º Retraite après l'incendie de Moscou, rentrée à Smolensk, passage de la Bérézina ; — 3º Captivité de l'auteur, avec quelques réflexions sur l'administration française établie à Wilna, pour la régie des hôpitaux, en 1813, et un coup d'œil sur la campagne de Russie en 1812 ; — 4º Voyage de la Lithuanie à Saratof, avec un aperçu général sur la Pologne.

C'est avec regret que nous ne donnerons pas la première partie de ces mémoires : mais on comprendra notre réserve, quand on saura qu'elle ne renferme que la simple nomenclature des villes principales traversées rapidement par l'auteur, — nomenclature inutile puisque pas un événement saillant ne s'y rattache, — et le récit de quelques petits faits dont la lecture est seulement possible en comité particulier.

Un mot, cependant, en forme de résumé, sur cette première partie (1).

M. Philip abandonne Paris le 28 avril 1812, et le voilà prenant la route d'Allemagne. Les études sérieuses le préoccupent légèrement. Demandez-lui plutôt le nombre des bouteilles de bière qu'il a vidées à Montmirail, les charmants repas qu'il a faits à Mayence, les assiettes qu'il a cassées ailleurs. Ne poussez pas cependant l'indiscrétion jusqu'à vouloir connaître de lui le nom des hôtesses qui l'ont reçu, le caractère excellent des bonnes qu'il a trouvées sur sa route, et mille petits détails de ce genre, car il serait capable de vous les dire avec toute sa franchise, tout son laisser-aller de militaire français. Courses aventureuses, coups de main hardis, il ne vous fera grâce de rien, et comme il narre avec charme, vous l'écouterez avec plaisir, vous direz même, comme bien des personnes de ma connaissance, que c'est là le fragment le plus aimable de son récit. Il est vrai qu'au milieu de tout cela se trouvent quelques descriptions de ville, quelques scènes où les épanchements de l'amitié se montrent dans leur vérité touchante, des tableaux de famille heureusement embellis, des traits d'autant plus agréables qu'ils étaient moins attendus, des quatrains, des tercets spirituels, et qu'on regrette par cela même de ne pas imprimer.

---

(1) Voir aux notes.

Mais qui donc aurait le courage de montrer à gentille dame une magnifique perle enchassée dans un milieu mal odorant? A coup sùr, M. Philip a dù regretter plus tard d'avoir écrit cela, lui, si riche d'éducation première, officier jeune à belle moustache, œil noir et taille haute, homme du monde sous les armes, ainsi du moins il nous apparaît, quand il se plait dans chaque ville à noter le bon ou le mauvais ton des femmes, quand admis à la table d'une famille hospitalière il gémit d'être sans gants-jouvins et sans rasoirs anglais, ou qu'il vient dans un salon splendide, chanter en compagnie d'aimable demoiselle un duo italien. Que nos lecteurs ne lui en veuillent pas, car ce n'est pas pour le public qu'il avait l'intention d'écrire : du reste ce que nous allons citer les dédommagera suffisamment.

Toulouse, 2 juillet 1845.

Casimir RAFFY.

CAMPAGNE DE RUSSIE.

ITINÉRAIRE
DE PARIS A SARATOF.

2ᵐᵉ PARTIE. *

SMOLENSK. — PASSAGE DE LA BÉRÉZINA.

Les combats des 17 et 18 août avaient eu pour résultat la prise de *Smolensk*, place forte située sur la rive gauche du *Dnieper* (anciennement Boristhène).

L'armée russe, sous les ordres du général *Barcley de Tolly*, serrée de près par les troupes françaises, avait senti combien il lui importait de ralentir la marche de l'empereur *Napoléon*, afin de protéger l'évacuation de ses bagages, qu'elle dirigeait sur la route de *Moscow*. Cette considération impérieuse l'avait donc obligée à défendre vigoureusement *Smolensk*, pendant les journées des 17 et 18 août, et, après la prise de cette ville par nos troupes, campée sur les hauteurs de *Valantina*, à deux lieues en avant de *Smolensk*, à livrer la bataille du 19. Ce fut dans cette affaire, qui se termina à notre avantage, après un acharnement égal de part et d'autre, que nous eûmes à regretter, entr'autres braves, le général de division comte *Gudin*.

La résistance opiniâtre que les russes avaient mise à la défense de *Smolensk*, avait nécessité, de la part de l'armée française, l'envoi de quelques boulets, dont l'effet avait été d'incendier une partie de la ville : aussi, à l'époque de l'arrivée de notre régiment qui eut lieu le 18 septembre, il nous fut assez difficile de nous loger, vu le petit nombre de maisons habitables, et la grande quantité de traînards et de blessés qui les occupaient.

(*) Nous prenons le récit de l'auteur à la première ligne de sa seconde partie, c'est-à-dire au moment où, après quatre mois et demi de guerre, il va si malheureusement se mêler aux événements de la grande armée.

Le général *Barbanègre*, gouverneur de la place, à qui nous fîmes une visite le lendemain de notre arrivée, nous prévint que jusqu'à nouvel ordre, nous ferions partie de la garnison. Cela nous contraria d'autant plus, qu'indépendamment du désir ardent que nous avions de rejoindre l'armée dont nous avions appris le succès à *Mojaisk*, nous craignions d'être condamnés, pour le reste de la campagne, à une honteuse inaction ; cette crainte et la certitude du manque de vivres qu'on éprouvait déjà, semblaient se réunir pour nous indisposer contre un pareil ordre.

Enfin, après dix jours d'un séjour assez pénible dans *Smolensk*, on nous intima l'ordre d'escorter un convoi d'artillerie destiné pour *Moscow*. Si nous fûmes satisfaits en apprenant que nous allions rejoindre l'Empereur, il faut convenir que notre joie fut bien diminuée lorsque nous eûmes connaissance de la mission dont on nous chargeait. Tous les militaires qui savent combien il est désagréable d'escorter des convois d'artillerie (ou autres), tant par rapport aux soins infinis qu'ils nécessitent, qu'aux difficultés qu'entraîne une marche extrêmement lente et à chaque instant suspendue, ne s'étonneront point du déplaisir que nous causait une mission semblable.

Nous voilà donc cheminant sur la grand'route de *Moscow*. L'expérience nous avait appris jusqu'à quel point on pouvait compter sur les ressources du pays que l'armée avait traversé. Nous avions mis à profit notre séjour à *Smolensk*, en faisant quelques excursions dans les campagnes, à sept ou huit lieues à la ronde, desquelles nous avions emmené quelques bestiaux dont la consommation devait nous être si utile dans une route de près de cent lieues et dénuée de toute espèce de vivres ; aussi ne tardâmes-nous pas à éprouver l'effet de nos sages précautions. Quatre jours de marche continuelle, pendant lesquels nous ne fîmes que douze lieues, à cause de l'extrême difficulté des chemins que la pluie rendait presque impraticables, nous forcèrent à bivouaquer en plaine, et conséquemment à recourir à nos propres subsistances.

Il y avait à peu près dix jours que nous étions partis de *Smolensk*, et six que nous avions traversé *Dorogobult*, petite ville à douze lieues de la première, et qui n'offrait que des cendres lors de notre passage, lorsqu'un courrier arrivant de *Moscow* apporta au capitaine commandant le convoi l'ordre de rétrograder avec ses voitures et caissons. Un de nos bataillons devait suivre ce mouvement, tandis que l'autre continuerait sa marche. Il fut décidé à mon grand mécontentement que ce serait celui dont je faisais partie qui rétrograderait vers *Smolensk* : à la vérité nous devions, aussitôt après la rentrée du convoi dans cette ville, reprendre la route de *Moscow*. Néanmoins nous ne pûmes nous empêcher d'être sensibles à un contretemps qui reculait d'une quinzaine de jours au moins, l'époque de notre réunion avec le reste de la garde impériale. — Nous voilà enfin à une journée de *Smolensk*, lorsqu'une colonne d'environ 4000 hommes, commandée par le général *Evers*, arrivant de cette ville, vient se joindre à nous. Un ordre dont ce général est porteur, enjoint à notre capitaine d'artillerie, de renvóyer de suite à *Smolensk* ses plus mauvais attelages, et de joindre ses meilleurs trains à ceux qui font partie de la colonne du général *Evers*, avec lequel, le lendemain, nous nous mettons une seconde fois en route pour *Moscow*.

Déchargés désormais de la responsabilité du convoi, et le général *Evers* n'ayant point reçu l'ordre de nous réunir aux troupes qu'il commandait, nous commençâmes à voyager pour notre compte, c'est-à-dire plus facilement qu'auparavant.

Le manque de pain nous avait obligés de nous arrêter dans une propriété qui était à un quart de lieue de la grand'route, et qui appartenait à un M. N.... Nous eûmes lieu de nous apercevoir que nous n'étions pas les premiers qui avions visité cette maison ; car à l'exception de l'intendant (qui était un français) et de sa femme qui étaient restés, nous ne trouvâmes que des murs.

Deux jours ayant suffi à la confection du pain nécessaire à notre détachement, nous nous disposions à continuer notre route vers *Moscow*, lorsque deux sous-officiers du premier bataillon, envoyés par le colonel, vinrent nous prévenir qu'un ordre trouvé à *Wiasma*, ville située à quelques lieues de *Moscow*, nous enjoignait de retourner à *Smolensk*, conjointement avec le premier bataillon que ces deux sous-officiers précédaient seulement de vingt-quatre heures. Le colonel étant venu nous joindre le lendemain, nous employâmes la journée suivante à confectionner encore du pain, à l'aide du grain que l'intendant dont j'ai déjà parlé mit à notre disposition, non sans quelques difficultés. Celui dont nous avions fait provision fut réparti dans le premier bataillon, auquel ce secours était d'autant plus nécessaire qu'il avait eu, depuis notre séparation, à souffrir d'une extrême disette.

La versatilité qu'on apercevait dans les ordres que nous avions reçus successivement sur la route, mettait nos esprits à la torture. L'armée était à *Moscow*, et selon toute apparence, elle devait y prendre ses quartiers d'hiver ; conséquemment, pourquoi envoyait-on un régiment de la garde sur les derrières ? Pourquoi nous ordonner de former la garnison de *Smolensk*, pour la garde de laquelle les dépôts ou détachements du corps du *duc de Bellune* étaient suffisants. Ne nous jugeait-on pas dignes de participer aux délassements de l'armée, parce que nous n'avions point encore partagé efficacement ses travaux ? Telles étaient les réflexions désagréables qui se présentaient à nos esprits , réflexions suggérées par un ordre qui contrariait nos vœux, et dont , au milieu de nos conjectures , nous étions loin de soupçonner la véritable cause. Enfin , après trois semaines de marches et contre-marches sur la grand'route de *Moscow* , le 20 octobre suivant , nous fîmes notre rentrée à *Smolensk* , accompagnés d'une pluie qui ne nous avait point abandonnés depuis le départ de cette ville.

L'encombrement occasionné, comme je l'ai déjà dit , par le grand nombre de blessés qui étaient dans *Smolensk* , nombre qui s'était encore augmenté par suite des affaires des 5 , 6 et 7 septembre , ne nous permit pas de loger dans la ville , et notre régiment occupa un château abandonné , qui en était distant d'une lieue.

A l'issue d'une revue passée par le général *Charpentier* , et pour laquelle nous étions venus nous joindre aux autres troupes qui se trouvaient dans la place, nous eûmes l'ordre de venir occuper le lendemain les faubourgs qui sont sur la rive gauche du Dniéper, ce qui fut exécuté.

Le régiment d'Illyrie , le bataillon du prince de *Neufchatel* , et quelques autres détachements de divers corps formaient , conjointement avec notre régiment de flanqueurs, la garnison de *Smolensk* , dont le général baron de *Jomini* était gouverneur , et le colonel *Schmitt* (du régiment d'Illyrie) commandant de place. (Le comte *Charpentier* était gouverneur général de la province). Nous roulâmes donc avec ces troupes pour le service de la place , service d'autant plus pénible , que l'intervalle que nous laissaient nos gardes était rempli par nos exercices. Joignez à cela le manque de vivres qui nous obligeait d'envoyer de temps en temps des détachements pour nous en procurer , et les alertes fréquentes de jour et de nuit que le gouverneur simulait pour s'assurer de l'exactitude de la garnison , dans l'occupation des différents postes qui lui étaient assignés , et vous aurez une idée exacte de notre position.

Il y avait plus de quinze jours que nous étions de retour à *Smolensk* , et nous vivions , au milieu des occupations du service , dans la plus complète ignorance sur les mouvements de l'armée, lorsqu'une nuit , vers onze heures , l'adjudant major *Daudier* vint me prévenir que j'étais , ainsi que lui, appelé chez M. le comte *Charpentier*. Je ne pouvais imaginer quel motif réclamait ma présence chez le gouverneur , et mon camarade ne pouvait me satisfaire sur ce point , car il ignorait de même pourquoi il y était aussi appelé. Arrivés à la maison du gouverneur , le chef de bataillon *Goutte* , premier aide de camp du général *Charpentier* , nous prévint qu'il nous fallait partir en poste, cette nuit même , pour aller porter des dépêches , savoir : mon camarade *Daudier* à M. le gouverneur de *Mohilow* , et moi à S. Exc. le *duc de Bellune* , dont le quartier général était aux environs d'*Orsa* , à 30 lieues en arrière de *Smolensk*. Un coup d'œil jeté furtivement sur ces dépêches, qui étaient encore entr'ouvertes, m'apprit qu'il était question d'un mouvement rétrograde opéré par l'Empereur, et que les instructions dont j'allais être porteur étaient relatives à ce mouvement. L'impossibilité où se trouva le directeur de la poste de nous procurer les chevaux nécessaires à nos deux missions décida le général *Charpentier* à ne faire partir que M. *Daudier*; en conséquence, je retournai à mon logement.

Déjà l'arrivée successive de détachements partiels, dont le nombre augmentait progressivement, annonçait le retour de l'armée qui, disait-on, devait se concentrer sur la *Dwina*, et prendre ses quartiers d'hiver le long de ce fleuve. Etrangers aux opérations qui paraissaient avoir déterminé ce mouvement, il ne nous vint pas même l'idée de chercher à connaître leur nature; nous ne restâmes pas longtemps dans cette ignorance, et bientôt il ne nous fut plus possible de douter que notre armée battait en retraite Cet événement nous surprit d'autant plus, qu'éloignés de *Moscow* de plus de 80 lieues, nous avions ignoré jusqu'alors les motifs impérieux qui avaient contraint nos troupes d'évacuer cette ville, et que nous n'en fûmes pleinement instruits que lors de l'arrivée de l'Empereur à *Smolensk*, le 9 novembre.

Qu'elle était différente cette armée de celle qui, quatre mois auparavant, avait frappé d'admiration les peuples de la Lithuanie, compté autant de succès que de combats, effrayé l'ennemi par la rapidité de ses marches victorieuses, et dont naguère la capitale des *Czars* avait vu planer sur ses remparts les aigles triomphantes !!!.... Des soldats affamés, saisis par un froid des plus rigoureux qui se faisait sentir depuis plusieurs jours, exténués par les fatigues d'une route déserte, et sur laquelle ils avaient été continuellement harcelés par l'armée russe, tel était le tableau qu'offraient quarante mille hommes, pêle-mêle confondus, triste débris des vainqueurs de *Mojaïsk* !

Quelles pouvaient être les causes d'un désastre aussi inattendu ? Voici celles qui vinrent alors à notre connaissance :

1° La ruine presque totale de *Moscow* que les Russes avaient eux-même incendié, afin de nous ôter toute espèce de ressources; (ils nous avaient mis par là dans la nécessité de sortir journellement pour nous procurer des subsistances, et profitant de la supériorité du nombre, ils enlevaient nos convois et nos escortes).

2° L'éloignement des magasins qui étaient sur les derrières, et dont une malheureuse imprévoyance paralysait les secours.

3° enfin, l'accroissement prodigieux des Russes qui, en amusant l'empereur *Napoléon*, par de feintes dispositions pacifiques, avaient profité de la sécurité inactive dans laquelle il était, pour se renforcer au point de reprendre à leur tour l'offensive.

De tous ces motifs, il est facile de conclure que l'armée française n'avait d'autre alternative que de s'exposer à périr infailliblement en prolongeant son séjour dans un pays dénué pour elle de ressources, ou d'éviter cette extrémité en se repliant sur ses derrières, où elle était à peu près certaine d'être à l'abri d'une disette.

Ce dernier parti, le seul qu'avouait la prudence, et que commandait la plus impérieuse nécessité, fut aussi celui qu'embrassa l'empereur *Napoléon*.

Le 18 octobre fut le jour fixé pour l'évacuation de *Moscow*. L'empereur n'ignorait pas les difficultés qui devaient s'offrir à lui dans sa retraite, sur une route entièrement ravagée, et dont les flancs seraient inondés par une nombreuse cavalerie ennemie; c'est pourquoi au lieu de rétrograder vers *Smolensk*, il dirigea sa marche sur l'ancien chemin de *Kalouga*. Il espérait par cette manœuvre abuser le maréchal *Kutusow*, et se ménager ainsi des ressources sur cette route qui, étant parallèle à celle de *Smolensk*, avait sur cette dernière l'avantage de n'être pas encore ravagée. Le combat de *Malo-Jaroslawetz*, qui eut lieu le 24, et dans lequel, malgré la belle résistance de l'armée d'Italie, l'avantage fut du côté des Russes bien supérieurs par le nombre et par la position, contraria le plan de l'empereur, qui se vit contraint dès lors d'effectuer sa retraite sur *Mojaïsk*. La distance de cette ville à *Smolensk* est d'environ quatre-vingt lieues; ce long espace, comme je l'ai déjà dit, était dénué de toute espèce de ressources, et l'armée française avait déjà vu s'épuiser le peu de provisions qu'elle avait emporté de *Moscow*. La chair de cheval ne suppléait que faiblement à une disette aussi générale. Ce secours d'ailleurs avait l'inconvénient de diminuer extrêmement notre cavalerie et d'entraver la marche de notre artillerie. Aux rigueurs de la faim venait se joindre encore l'âpreté des frimats dont la saison s'annonçait par une effrayante prématurité. Pour comble de maux, les paysans des villages environnants avaient pris les armes, et, unis aux Cosaques qui voltigeaient sur les flancs de l'armée, ils tuaient journellement les bandes de nos maraudeurs. En même temps le maréchal *Kutusow* affaiblissait de jour en jour notre arrière-garde par des attaques non interrompues, et notamment par celle de *Wiasma*, qui eut lieu le 3 novembre, et dans laquelle le corps du prince *d'Ekmül* eut considérablement à souffrir. Si l'on réfléchit qu'à la privation totale de vivres et de boissons fortifiantes, à la rigueur d'un froid de plus de 20 degrés, aux attaques continuelles de l'armée russe, venait se joindre encore la cruelle nécessité de bivouaquer dans une plaine couverte de neige et de glace, on s'étonnera peu de la prodigieuse mortalité qui avait réduit l'armée française, à son arrivée à *Smolensk*, à soixante mille hommes auxquels il était impossible de donner le nom de combattants.

Smolensk était la première ville habitée que les français avaient vue depuis leur départ de *Moscow*, la première où ils pouvaient espérer de trouver quelque relâche à leurs maux ; la première enfin où des magasins de subsistances leur promettaient un soulagement aux cruelles privations qu'ils avaient éprouvées depuis près d'un mois. Qu'on imagine, s'il est possible, l'empressement ou plutôt l'espèce de fureur avec laquelle les premiers arrivants se précipitaient vers les portes de la ville. Quelque sages que fussent les mesures prises par les chefs pour prévenir la confusion et le désordre, elles durent céder aux efforts d'une multitude d'affamés qui, grossissant toujours, renversaient comme un torrent tout ce qui se trouvait sur leur passage. En vain les généraux et les officiers s'opposaient du geste et de la voix à l'ouverture des portes ; en vain les gardes présentaient les pointes de leurs baïonnettes pour en défendre l'approche ; rien ne put contenir cette foule désordonnée.... Eh ! quelle digue pouvait-on oppposer à cette masse d'hommes que l'excès des souffrances avait rendue comme insensée et sourde à la voix du commandement, et dont le seul cri était : *Du pain ! du pain !* ....

Les magasins furent donc enfoncés et pillés, et les subsistances, auxquelles une juste répartition aurait fait participer également toute l'armée, devinrent la proie des premiers assaillants qui, non satisfaits d'assouvir leurs besoins, répandaient çà et là dans les rues la farine et l'eau de vie dont leur avidité désordonnée frustrait leurs camarades absents. Ainsi, parmi ceux que leur service retenait au camp et ceux que leur faiblesse ou infirmités empêchaient de suivre le torrent, il n'y en eut qu'un petit nombre qui purent participer aux secours qu'offraient les subsistances trouvées à *Smolensk* ; encore ne devaient-ils cette participation qu'au pouvoir de l'argent avec lequel ils achetaient de leurs camarades plus heureux ou plus hardis, les vivres que ceux-ci avaient pillés dans la ville. C'est de cette époque qu'il faut dater cet esprit d'égoïsme et d'abnégation totale des noms d'amis et de frères, qui s'empara dès-lors de l'armée, et dont l'influence contagieuse s'étendant en peu de temps du soldat à l'officier, et de l'officier au général, fit bientôt de l'armée française une réunion monstrueuse peu différente d'une horde d'anthropophages. Quelque forte que paraisse cette dernière expression, elle n'est malheusement que trop vraie ; tous les français qui ont eu le bonheur de survivre à la crise violente des derniers mois de 1812 ne se rappelleront pas sans frémir les horribles excès dont ils ont été les témoins ou même les acteurs, et ils avoueront avec moi qu'à cette époque désastreuse, tout sentiment était sacrifié à celui de la conservation personnelle. A quelles atrocités ce sentiment n'a-t-il pas donné lieu !.....

La nécessité de rallier les différents corps qui depuis longtemps s'étaient débandés, contraignit l'empereur à faire séjourner pendant cinq jours son armée autour des murs de *Smolensk*. Cette mesure indispensable occasionna la perte d'un grand nombre de soldats que la rigueur du froid, qui allait en augmentant, fit périr dans les bivouacs, et donna en même temps aux Russes la facilité d'accélérer leur marche au point, comme nous le verrons bientôt, de prendre l'initiative sur la nôtre.

Enfin, le 14 novembre au matin, l'armée se met en marche sur la route de Wilna. *Le duc d'Abrantès* avec les débris du corps des Westphaliens formait l'avant-garde ; après lui, venait l'empereur et sa garde ; et enfin le premier corps commandé par le *Prince d'Ekmül. Le vice-Roi d'Italie* et le maréchal *Ney* ne devaient quitter *Smolensk* que le lendemain de notre départ.

La journée du 14 se passa sans aucun événement, et toute l'armée bivouaqua à 6 lieues de *Smolensk*, à *Korythnia*. Nous perdîmes cependant quelques hommes qui, n'ayant pu suivre la colonne, étaient restés en arrière ou s'étaient écartés de la route pour aller dans les villages circonvoisins. Mon capitaine et moi nous eûmes à regretter une partie de nos provisions de bouche qui se trouvèrent égarées avec l'homme qui les conduisait. Mais ce qui m'affecta davantage, ce fut la perte d'une pelisse que j'avais achetée à un soldat qui revenait de *Moscow*, et dont l'usage m'avait paru devoir être d'un bon secours au bivouac. Il fallut cependant prendre son parti, et se résoudre à passer assez légèrement vêtu, pour la saison, une nuit extrêmement froide dans une plaine entièrement déserte.

Le 15, nous quittons notre position, mais au moment de se mettre en marche avec le reste de la garde, notre régiment reçoit l'ordre d'attendre sur la route l'arrivée de l'artillerie de la division, et de l'escorter ce jour là. Au bout d'environ trois heures, c'est-à-dire vers onze heures ou midi, l'artillerie arrive, et nous la faisons marcher entre nos deux bataillons. Quelques cosaques voltigeaient à droite et à gauche de la route ; on détacha queques tirailleurs pour aller à leur rencontre ; une trentaine de coups de fusil avaient suffi pour les éloigner à distance respectueuse. Néanmoins, vers le soir, leur nombre augmentant progressivement, notre régiment se vit tout-à-coup entouré d'une nuée de ces sauvages qui, en brandissant leurs perches, poussaient des hurlements affreux. Notre position était assez délicate: nous avions à couvrir notre artillerie qui ne pouvait cheminer que sur la grand'route, et, de plus, notre marche se trouvait encore embarrassée par un surcroît d'équipages et voitures d'inspecteurs, commissionnaires de guerre , etc. qui , à l'approche des cosaques , étaient venus se réfugier auprès de nous. A cette nuée d'ennemis dont le nombre paraissait être de deux mille au moins, nous n'avions à opposer que 600 hommes qui formaient tout notre régiment , car notre éloignement du reste de l'armée ne nous permettait d'espérer aucun renfort. Dans cette conjoncture , le colonel crut devoir nous faire abandonner la grand'route afin de manœuvrer plus facilement , et par un changement de direction à droite , nous fûmes nous former en carré sur le même côté du chemin. Deux pièces seulement appuyaient deux faces du carré , vu qu'il était impossible de traîner les autres à travers champs. A la vue de nos dispositions , l'ennemi se rallia sur notre flanc droit , et parut vouloir se disposer à la charge ; quelques obus qu'il nous envoya tuèrent ou blessèrent une vingtaine d'hommes , la plupart de la compagnie dont je faisais partie , parce qu'elle formait ce côté du carré sur lequel étaient dirigées les pièces russes ; notre marche quoique forcément lente , ne laissait pas de s'exécuter en ordre , et nos deux pièces répondaient de temps en temps aux envois de l'ennemi. Enfin il vint un moment où le cri général de *houra , houra* , et l'approche de cosaques qui n'étaient guère plus qu'à demi-portée de fusil de notre carré , nous firent croire qu'ils allaient décidément nous charger. Nous fîmes halte un instant , et nous disposâmes à les recevoir par une décharge complète , et à les attendre ensuite la baïonnette croisée. Notre attitude leur en imposa , sans doute , car après quelques démonstrations d'attaque , ils finirent par s'éloigner. Le jour commençant à baisser , nous continuâmes notre marche sans être inquiétés , et après avoir passé toute la nuit sous les armes , à cause de la grande quantité de voitures et de caissons abandonnés , qui obstruaient la route , nous arrivâmes , le 16 , à 7 heures du matin , auprès du village de *Krasnoë* où l'armée était en position.

La journée du 16 se passa sans aucun événement majeur ; seulement , une partie de la vieille garde conduite par M. le général *Durosnel*, aide-de-camp de l'empereur , opéra un mouvement rétrograde d'environ deux lieues pour protéger l'arrivée du corps du *vice-Roi* qui avait été attaqué dans un défilé par un corps de troupes russes. Cette opération coûta une cinquantaine d'hommes à la garde , qui revint dans l'après-midi occuper le village de *Krasnoë*.

Je reçus l'ordre vers quatre heures d'escorter les cavaliers du train qu'on envoyait aux fourrages. Je partis à la tête de quarante hommes armés , et m'acheminai vers le village le plus voisin qui était distant du camp d'environ une lieue. A peine les cavaliers avaient-ils chargé leurs provisions sur leurs chevaux qu'un des postes que j'avais placés en observation , crainte de surprise , m'avertit qu'une troupe de co-

saques se dirigeait vers nous. Je fis promptement réunir mon détachement et fus prendre position au haut d'un ravin que je mis entre
l'ennemi et moi. A peine y étais-je arrivé que je vis fondre vers nous
à toute bride , un corps de cosaques dont j'évaluai le nombre à
cent ou environ : tranquille sur les dispositions que j'avais à leur
opposer , j'attendais de les voir tenter le passage du ravin où je les
aurais tirés à bout portant , lorsqu'arrêtés par un obstacle qu'ils n'a-
vaient point prévu , ils tournèrent bride après quelques fanfaronnades
accompagnées d'injures. Je ne jugeai pas à propos de rester plus longtemps absent, et m'acheminant vers le camp , j'y rentrai à la chute
du jour.

La nuit du 16 au 17 fut assez pénible , car nous changeâmes
mainte et mainte fois de position , et fîmes tour-à-tour le guêt sur la
route.

Enfin , le 17 à la pointe du jour , deux boulets qui vinrent tomber
dans notre camp , nous avertirent du voisinage de l'ennemi. En effet
nous étions à peine formés en colonne sur la droite de la route , que
nous découvrîmes sur notre gauche une batterie russe que nous
jugeâmes être d'une douzaine de pièces. Nous ne tardâmes pas à en
connaître le calibre , car les décharges se succédèrent avec une telle
rapidité , qu'en moins d'un quart d'heure nous eûmes près de cent
hommes hors de combat. Toute la garde s'était concentrée au bas du
village de *Krasnoë* , et notre régiment seul resté , par ordre , à un
quart de lieue en arrière , avait eu à essuyer le feu de cette batterie,
sans pouvoir lui répondre que par deux pièces de 6. Enfin , il nous
fut ordonné d'abandonner la position et de nous joindre auprès de
Krasnoë au reste de la jeune garde que nous trouvâmes en bataille
sur la gauche de la route , ayant l'aîle droite appuyée au village.

L'armée russe profitant du séjour de l'empereur à *Smolensk* , avait
gagné l'avance en laissant cette ville sur sa droite , et avait pris position , le 16 novembre , à 7 werstes du village de *Krasnoë*. Le 17
au matin , l'empereur Napoléon avait traversé le village avec la vieille
garde , et se dirigeant sur la petite ville de *Dambrowna* , avait laissé
le commandement de la jeune garde à *S. Exc. le Maréchal Mortier,
duc de Trévise* , en y comprenant la garde du Grand Duc de
Hesse et un régiment du prince de Neufchatel. Ce fut avec ce
corps fort au plus de 10,000 hommes que le maréchal eut ordre de
s'opposer aux efforts de l'armée russe si supérieure en nombre , et
soutenue d'ailleurs par une artillerie et une cavalerie formidables,
deux choses dont nous étions dépourvus.

La jeune garde placée sur deux lignes parallèles à la grand'route,
avait à sa droite le village de *Krasnoë* , dont elle défendait l'approche afin de protéger le passage du premier corps qui arrivait à travers

champs derrière elle, et dont la marche encombrée par un grand nombre d'équipages s'exécutait en désordre et très-difficilement.

L'armée russe déployait devant elle la supériorité de ses masses précédées par une ligne de batteries de gros calibre, et appuyées à leur gauche par un bois où était embusqué un corps nombreux de cuirassiers.

On sent d'après cela que le plan du *Duc de Trévise* devait se borner à la défensive, car il y aurait eu plus que de la témérité à prétendre débusquer, sans un seul cavalier, et aidé tout au plus d'une demi douzaine de pièces de 6, un corps qui réunissait tant d'avantages sur le nôtre. En imposer à l'ennemi à l'aide des déployements, par un front en apparence très-étendu, paralyser autant que possible le feu de son artillerie en envoyant de temps à autre des tirailleurs sur ses pièces, faire soutenir ces mêmes tirailleurs par quelques bataillons marchant en échelons, telles étaient les manœuvres praticables dans la circonstance; telles furent celles dont l'emploi parut au *Duc de Trévise* devoir atteindre le but de son expédition; savoir : de prévenir l'occupation du village par l'armée russe avant l'arrivée, et le ralliement du corps du *Prince d'Ekmül*.

Ce ne fut pas sans avoir à souffrir considérablement que la jeune garde, exposée pendant toute la journée au feu d'une artillerie bien servie, opéra enfin sa retraite par *Krasnoë*. Plusieurs régiments étaient presqu'entièrement détruits, du nombre desquels je citerai particulièrement le 1er de voltigeurs qui, s'avançant sur l'ennemi en carré, fut écrasé, à portée de pistolet, par une grêle de mitraille et achevé par les cuirassiers. Un lieutenant colonel, trois officiers et une vingtaine de soldats presque tous blessés, furent les seuls qui échappèrent à la mort ; notre régiment chargé de le soutenir, fut forcé à la retraite après avoir laissé sur le champ de bataille deux officiers et plus de deux cents hommes ; ce qui réduisit dès lors sa force à environ 300 hommes. *M. Pompéjac*, notre colonel, et *M. Heller*, lieutenant-colonel, eurent leurs chevaux tués sous eux ; plusieurs officiers furent blessés ; je reçus un coup de feu dans ma capotte.

Le 1er corps étant parvenu à se rallier dans le village de *Krasnoë*, le *Duc de Trévise* ordonna la retraite à la jeune garde, et nous arrivâmes vers huit heures du soir à *Liady*, gros bourg où Sa Majesté était logée avec la vieille garde. Ainsi se termina cette journée où un corps de 8,000 hommes, la plupart conscrits, eut à lutter contre des troupes aguerries et six fois au moins plus nombreuses. La conduite de la jeune garde dans cette occasion lui valut les témoignages flatteurs de l'approbation de l'empereur, et prouva à l'ennemi de quoi elle eût été capable dans d'autres circonstances où la grande disproportion des forces et la pénurie des moyens de défense n'eussent point été aussi évidemment à son désavantage.

Le 18 novembre au matin, toute la garde partit de *Liady* et fut coucher à une lieue au-delà de *Dombrowna*, petite ville où l'on fit quelques distributions de farine.

Le 19, à midi, la jeune garde arriva auprès de la ville d'*Orsa*, qui était alors occupée par le corps du *Duc de Bellune* et qui pouvait monter à environ 20,000 hommes. *Orsa* est située sur la rive droite du *Dnieper*, sur lequel on avait construit un pont défendu par un retranchement couronné de quatre bouches à feu ; ces dispositions, la présence du corps du *Duc de Bellune* et les discours répétés par la majeure partie des soldats, nous firent croire que l'empereur avait l'intention d'arrêter quelque temps l'armée russe au passage du fleuve, et après avoir rallié chaque corps, de les diriger sur différents points de retraite ; mais ce bruit, comme nous le verrons bientôt, était dénué de fondement.

J'ai déjà dit que depuis longtemps l'armée ne connaissait plus ce que c'était qu'ordre et marche régulière, et que si l'on en excepte la garde, elle n'offrait qu'un amas confus d'hommes bizarrement équipés, dont une grande partie sans armes. La rigueur du froid et le manque de vivres, les deux principales causes de ce désordre, existaient encore et enlevaient tous les jours aux différents corps un grand nombre de soldats qui, pour se soustraire aux obligations du service, et comptant se procurer plus facilement des subsistances, désertaient de leurs régiments et se répandaient de tous côtés.

Le maréchal *Mortier* ayant cru s'apercevoir depuis *Krasnoë* d'une espèce de relâchement dans l'ordre et la police de la marche de la jeune garde, réunit dans la plaine d'*Orsa* tous les officiers et sous-officiers, et leur parla á peu près en ces termes :

« Officiers et sous-officiers de la jeune Garde, l'Empereur est con-
» tent de vous ; vous avez jusqu'à présent rempli son attente et justifié
» l'honorable choix qu'il a fait de vous. Le courage avec lequel vous
» avez supporté jusqu'à ce jour les fatigues d'une route pénible, le
» cri de vive l'Empereur, dont vous avez au combat frappé l'oreille
» de l'ennemi, sont sans doute des preuves de votre dévouement à
» la personne sacrée de Sa Majesté ; mais croyez, que le plus grand
» témoignage d'amour et d'attachement que vous puissiez lui donner,
» c'est de conserver toujours cet esprit d'obéissance passive, d'ordre
» et de discipline qui doit surtout distinguer éminemment la garde
» impériale.

» J'ai cru m'apercevoir depuis deux jours d'une sorte de désunion
» et de confusion même dans votre marche... Voudriez-vous ressem-
» bler à cette foule désordonnée du train et des maraudeurs qui of-

» fusque à chaque instant nos regards? Voudriez-vous présenter
» comme eux l'aspect d'une horde de brigands?... Non, j'espère que
» vous ne réservez pas ce spectacle à l'Empereur, et que demain la
» route ne m'offrira plus le tableau désagréable qu'il m'a semblé voir
» depuis deux jours. Que le reste de l'armée vous reconnaissant plu-
» tôt à la régularité de votre marche qu'à la couleur de votre uni-
» forme, puisse s'écrier de loin : voilà la garde. Jurez-moi donc qu'à
» l'avenir votre conduite ne démentira en aucune manière la bonne
» opinion que Sa Majesté a conçue de vous, et que vous saurez lui
» prouver dans toutes les circonstances que vous êtes dignes d'être
» à la garde de sa personne sacrée!.... »

Nous le jurons, et le cri de vive l'Empereur furent notre réponse.

A la chute du jour nous décampâmes et fûmes prendre position
sur une hauteur située de l'autre côté de la ville où nous fûmes re-
joints par quelques soldats du régiment qui étant restés en arrière ce
jour là, avaient été cruellement maltraités par les cosaques. Après une
distribution de farine que nos adjudants s'étaient procurée avec beaucoup de peine, nous nous remîmes en marche vers dix heures du
soir, et fûmes bivouaquer dans une plaine située à une lieue au delà d'*Orsa* où nous passâmes la nuit du 19 au 20 novembre.

Je m'arrêterai peu sur les événements qui, depuis cette époque
jusqu'au 24 du même mois eurent lieu dans l'armée ; leurs résultats
n'ayant point été d'une importance majeure, si l'on en excepte cependant le combat du 18 qui se livra à *Krasnoë* entre l'armée russe
et le corps du maréchal *Ney*, qui lui-même sommé de capituler,
s'échappa à la faveur de la nuit avec une seule division. Le reste de
son corps d'armée cerné par un nombre considérable d'ennemis, et
après avoir épuisé ses munitions avait été contraint de se rendre prisonnier de guerre.

Le maréchal qui vint nous rejoindre dans la journée du 21, conduisait avec lui le major russe qui lui avait apporté la sommation de
capituler ; la garde de ce major qui s'appelait **M.** *de Reneimkam*,
fut, par ordre de l'Empereur, confié à notre régiment, avec injonc-
tion de le traiter dans la route avec tous les égards dûs à son
grade.

Six jours s'étaient écoulés depuis notre départ de *Krasnoë*, lorsque la nuit du 24, l'armée arriva à *Boryzow*, ville située sur la
rive gauche de la *Bérézina*. L'Empereur informé que l'armée de Moldavie, d'une part occupait la rive opposée et se préparait à défendre le
passage du pont de *Borizow*, et que de l'autre le général *Witgenstein*
poussant devant lui le corps du maréchal *Saint-Cyr* s'avançait sur notre

droite, afin de nous resserrer entre deux feux, vit qu'il n'avait pas un moment à perdre pour effectuer le passage du fleuve avant l'arrivée de *Witgenstein*. En conséquence, après avoir fait appuyer sa droite par le corps du maréchal *Victor* et avoir placé à sa gauche la division polonaise, il donna l'ordre à toute sa garde de décamper sans bruit, à deux heures du matin, et arriva avec elle, le 26, à la pointe du jour à *Tembinú*, village situé à 15 werstes (trois lieues), au delà de *Borizow*, et où il avait eu soin de faire construire à la hâte un pont à l'insu de l'ennemi.

L'amiral *Tschitschagoff* n'ayant point prévu ce mouvement, occupait encore les hauteurs de *Borizow*, et n'en fut instruit que lorsque l'Empereur, sa garde et le 2me corps avaient déjà passé le fleuve. Il faut convenir que cette imprévoyance de l'amiral seconda merveilleusement les mesures prises par l'Empereur, qui, sans elle, se serait trouvé dans une position des plus critiques, ayant, comme je l'ai déjà dit, à lutter contre l'armée de Moldavie qui se serait trouvée sur la rive gauche de la *Bérézina*, et le corps de *Witgenstein* qui venait l'assaillir sur sa droite. Les Russes avaient tellement compté sur l'infaillibilité de la perte totale de l'armée française et de la capture de son chef au passage de la *Bérézina*, que la conduite de l'amiral *Tschitschagoff* dans cette circonstance fut regardée par eux comme la preuve d'une négligence coupable, ou d'une ineptie inexcusable, et lui attira bientôt après la disgrâce de l'empereur Alexandre.

La journée du 25 novembre fut employée à faire passer sur la rive droite de la *Bérézina* l'artillerie de la garde et celle du 2me corps. Ce ne fut pas sans beaucoup de peine que les sentinelles préposées à la garde du pont parvinrent à empêcher le passage d'un nombre infini de voitures et équipages de différents individus de l'armée qui, marchant isolément, s'étaient portés en foule sur le bord de la rivière et obstruaient la tête du pont. Le *maréchal Lefebvre, duc de Dantzik*, aidé de plusieurs officiers de son état-major, mit le feu à la plupart de ces chariots, sans avoir égard aux prières ni aux lamentations des propriétaires ou conducteurs. Plût à Dieu que cette mesure rigoureusement nécessaire, et dont on avait si souvent été obligé de faire usage dans le cours de la retraite, eût été employée d'une manière générale dès le départ de *Moscow*. L'armée n'aurait pas eu autant à souffrir des entraves et des inconvéniens à chaque instant renaissants, que produisait cette énorme quantité d'équipages de toute espèce dont les routes étaient encombrées. Car enfin, n'était-ce pas un spectacle révoltant et scandaleux à voir que celui qu'offrait cette classe parasite de sangsues de l'armée connue sous le nom d'*employés* dont chaque individu en quittant *Moscow*, étalait fièrement sa rofondité et le fruit de ses rapines dans une calèche à deux et quatre chevaux ?.... Eh ! qu'on ne se le dissimule pas, c'est à la malheureuse condescendance qui a toléré un pareil abus, que l'armée est redevable en grande partie des désastres qui ont pesé sur elle !.....

Le 27 à la pointe du jour, une canonnade que nous entendîmes sur nos derrières, nous avertit que le 2e corps était engagé dans les bois qui bordent la route de *Minsk*, avec l'armée de *Tschitschagoff*. Nous quittâmes nos bivouacs, et après avoir rétrogradé l'espace d'un quart de lieue, nous aperçûmes le 2me corps en colonne, à cheval sur la route. L'Empereur, après nous avoir fait mettre sur la droite du chemin, fut avec le roi de Naples et avec quelques aides de camp reconnaître la position des Russes qu'il trouva formés dans le bois, faisant face au corps du *Maréchal Saint-Cyr*, ayant leur droite appuyée à la rive droite de la *Bérézina*, où ils avaient établi une forte batterie qui tirait sur le pont. Envoyés peu de temps après au revers d'une colline du haut de laquelle on découvrait l'armée russe, nous pûmes juger de l'effet terrible que produisait son artillerie sur les malheureux qui se pressaient en foule pour passer le pont. Ma plume se refuse à retracer cette scène d'horreur et de confusion qui eut pour acteurs des milliers d'infortunés dont la plupart n'échappaient au feu meurtrier de l'artillerie russe, que pour trouver au fonds des flots à demi glacés une mort plus douloureuse ! Non, à moins d'en avoir été témoin, on ne peut se former une idée exacte d'une aussi horrible catastrophe ! !...

La nuit enfin vint mettre un terme à cette épouvantable boucherie et l'armée songea à ses bivouacs.

L'engagement du 2me corps avec l'armée de Moldavie avait été des plus opiniâtres ; et quels que supérieurs en nombre que fussent les ennemis, ils ne purent nous forcer à céder un pouce de terrain. Le feu de l'artillerie avait été constamment des plus roulants et des mieux entretenus. Deux escadrons du brave 7me de cuirassiers avaient fait 1500 prisoniers, et n'avaient abandonné la charge qu'après avoir fait mordre la poussière à un grand nombre. Le 2me corps avait eu à regretter de son côté la perte de plusieurs braves. M le général comte *Legrand* fut blessé de deux coups de feu ; quant à la garde impériale, il n'y eut que notre régiment qui occupait la tête de la colonne et qui se trouvait placé immédiatement après la dernière subdivision du 2me corps, qui fut un peu incommodé par le feu de l'ennemi : une dixaine d'hommes furent enlevés par le boulet.

Le 2me corps ayant reçu l'ordre de se replier sur nos derrières, la jeune garde le remplaça dans les positions qu'il quittait, et notre régiment de flanqueurs fut mis aux avant-postes. Comme cette circonstance nous commandait la plus stricte surveillance, crainte de surprise, on peut penser que nous fûmes constamment sur le qui-vive, et conséquemment peu disposés à dormir; c'est pourquoi après avoir allumé quelques feux, nous nous occupâmes de préparer quelques aliments. Un peu de farine délayée dans l'eau de neige, pétrie dans la main et cuite sous les cendres, et un morceau de chair de cheval, délicieux (pour la circonstance), composèrent un repas que je dévorai du meilleur appétit possible Au reste j'étais, depuis longtemps, familiarisé avec cette chair, et loin de m'en plaindre, je bénissais la Providence qui, par ce secours, daignait me soustraire aux horreurs de la faim dont nous comptions tous les jours tant de déplorables victimes.

Cependant vers les trois heures du matin, nous reçûmes l'ordre de quitter notre position et de nous joindre au reste de la garde impériale qui, un peu avant le jour, se remit en marche sur la route de Wilna. Je ne m'étendrai pas sur les événements militaires qui se sont passés depuis le 28 novembre jusqu'au jour de notre arrivée dans cette capitale de la Lithuanie. Ils se réduisent presque tous à des escarmouches continuelles ou à des combats partiels dans lesquels la garde n'eut point de part. Que ne puis-je de même effacer de ma mémoire ce tissu effroyable de misère et de désespoir dont le triste tableau venait à chaque instant frapper nos regards !....

La journée de la *Bérézina* avait achevé de mettre le désordre dans les malheureux débris de l'armée. Le foudroyement et par suite la rupture du pont avait fait tomber dans les mains de l'ennemi, un si grand nombre d'hommes, de voitures et de chevaux, que dès ce moment, il n'y eut plus que la garde impériale seule qui conservait encore une apparence militaire ; elle seule avait encore quelques pièces d'artillerie et un peu de cavalerie. Je me permettrai, à cette occasion, quelques digressions en réponse aux discours absurdes que le reste de l'armée a tenu sur ce corps dont les prérogatives et les avantages inhérents nécessairement à sa qualité de troupe d'élite, ont excité dans toutes les campagnes l'envie la plus injuste et la jalousie la plus déraisonnable de la part des corps de la ligne : « La garde impériale, disent-ils, ne se bat pas aussi souvent que » nous, et cependant elle occupe presque toujours les meilleurs gî- » tes, et a la première part des subsistances et des ressources que » présente le pays : s'il advient même quelquefois que ces ressources » soient insuffisantes pour toute l'armée, la garde est sûre de ne » pas souffrir de cette insuffisance, car n'y aurait-il qu'un sac de » grain ou de farine dans un lieu où elle doit passer, il faut qu'il » soit réservé exclusivement pour elle. » Telles sont les deux graves chefs d'accusation sur lesquels roulent tous les propos insensés que débitent tant de gens. Or, je le demande, est-il raisonnable de vouloir qu'un corps d'élite attaché spécialement à la garde du souverain donne dans autant d'occasions que les autres corps de l'armée ? Composé totalement d'anciens militaires ou de jeunes encore, mais auxquels le nom de soldats de la garde doit communiquer une impulsion électrique et doubler leur courage, ce corps ne doit-il pas être réservé pour les circonstances épineuses où il devient alors d'une utilité évidente? et sans parler des pertes considérables que la garde a essuyées dans toutes les campagnes, bien qu'elle ne donnât pas efficacement dans toutes les affaires, mais seulement parce qu'elle est restée des journées entières exposée, l'arme au bras, au feu de l'ennemi, j'observerai que si on l'engageait aussi souvent que les autres corps, les pertes qu'elle éprouverait alors, jointes à celles qui résultent des marches extrêmement pénibles et si souvent forcées qu'elle exécute tous les jours, la réduiraient bientôt à un petit nombre de combattants desquels il serait évidemment impossible d'attendre les efforts qu'on est en droit d'exiger d'une masse d'élite chargée de l'honorable mission de la garde du chef de l'empire, et qui dans les circonstances où on l'emploie, doit être l'espérance de l'armée et la terreur de l'ennemi.

Quant à l'article des prérogatives et des avantages attachés à la garde impériale, il faut convenir que les militaires qui s'en plaignent, cherchent à ce corps (comme on dit vulgairement), une vraie querelle d'Allemand. En effet, n'est-il pas de notoriété que les gardes de toutes les puissances de l'Europe et de l'univers entier, ont toujours joui de plus grandes faveurs et de meilleurs émoluments que les autres troupes? Ces distinctions ne sont-elles pas essentiellement liées à la nature d'une institution dont le principal but est d'offrir à tous les individus de l'armée, pour prix des services rendus à la patrie, une récompense proportionnée à la reconnaissance du souverain et à l'éclat de la dignité impériale?

Je ne me suis appesanti sur cet objet que parce que j'ai voulu démontrer combien les assertions de certaines personnes sont ridicules et dénuées de tout prétexte plausible : je finirai cet article en disant que tous ceux que j'ai vus les plus acharnés à déclamer contre la garde, ont été forcés de convenir cependant que depuis *Krasnoë*, et surtout depuis la *Bérézina* elle seule en avait imposé à l'ennemi que n'auraient pu intimider sans doute des bandes de fuyards, la plupart désarmés qui, à la moindre apparence de danger venaient en désordre se réfugier auprès de nos baïonnettes. Mais reprenons le fil de la narration.

Depuis les journées des 27 et 28 novembre, l'armée, comme je l'ai déjà dit, était réduite à un petit nombre d'hommes confondus et errants de tous côtés. En vain avait-on tenté de rallier chaque corps; les causes qui les désunissaient allaient toujours en empirant: je veux parler du défaut absolu de vivres et de la rigueur excessive du froid qui n'avait diminué un moment aux environ d'*Orsa*, que pour reparaître quelques jours après avec une force de plus de 25 degrés. Qu'on imagine, d'après cela, l'état pitoyable dans lequel se trouvait réduite cette foule de malheureux dévorés par les angoisses de la faim, et qui n'avaient à opposer aux rigueurs du climat que de légers vêtements bien insuffisants sans doute dans un pays où les habitants eux-mêmes ne sont pas toujours à l'abri de toute congélation, quoique affublés de fourrures qui semblent devoir braver les frimats les plus rigoureux. Aussi la route était-elle couverte d'une multitude de ces infortunés qui, succombant à l'excès des souffrances, expiraient dans les tourments de la plus cruelle agonie. Une sorte de stupeur qui leur ôtait même jusqu'à l'usage de la parole, était le symptôme infaillible de leur destruction prochaine, bientôt un engourdissement général qui s'emparait de tous leurs membres, les réduisait à un état d'immobilité dans laquelle la mort venait les frapper; à peine étaient-ils tombés que leurs camarades se jetaient avidement sur leurs cadavres pour s'approprier leur dépouilles. Mais pourra-t-on le croire? Plusieurs de ces cannibales n'attendaient pas même, pour leur arracher leurs vêtements, que leurs camarades eussent rendu le dernier soupir, et ceux de ces infortunés à qui il restait encore quelque souffle de vie et de sentiment, avaient encore la douleur de voir avancer le terme de leur existence par la cupidité barbare de leurs frères d'armes !! Quelquefois encore ces malheureux étendus sur la route, imploraient d'une voix prête à s'éteindre, l'assistance de leurs camarades qui, sourds à leurs gémissements, passaient outre d'un œil sec, et les laissaient écraser sous les roues des voitures dont les conducteurs ne se montraient pas plus sensibles.....
Qui aurait jamais pu penser que des français au 19e siècle réaliseraient parmi eux ce que les voyageurs ont peine à nous faire croire de quelques hordes sauvages de l'Afrique? Qui aurait pu croire qu'à l'imitation des anthropophages, quelques français, dans leur retraite de 1812, pressés par les horreurs de la faim, n'auraient pas craint de faire de leur ventre la sépulture des membres dégoûtants de leurs compatriotes morts !!! Ces exemples ont été à la vérité fort rares, mais néanmoins ils peuvent donner une idée de la cruelle extrémité à laquelle se sont trouvés réduits quelques malheureux tourmentés par les angoisses de la faim. Ce spectacle déchirant, et qui paraîtra sans doute incroyable à ceux qui ont

eu le bonheur de ne pas en être témoins, est le même qui a attristé mes regards pendant près d'un mois; il m'a convaincu qu'il existait un degré de misère et de souffrance où l'homme, une fois parvenu, perd entièrement l'usage des facultés qui le distinguent des autres êtres, et tombe alors dans un état de brutalité peu différent de celui des animaux sauvages..... Mais détournons un moment notre vue d'un tableau aussi accablant, et hâtons-nous d'arriver à *Wilna*, que l'armée regardait alors avec les mêmes yeux que des matelots, après une tempête, entrevoient le port où ils espèrent trouver un soulagement aux maux d'une longue et pénible traversée.

A mesure que nous approchions de *Wilna*, notre espoir redoublait dans la persuasion où nous étions que l'on trouverait dans cette ville un corps considérable de troupes françaises de notre réserve qui, en arrêtant la marche de l'armée russe, nous donnerait la facilité de rallier les débris épars de la nôtre. Depuis le passage de la *Bérézina*, on nous avait annoncé d'ailleurs un secours de 40,000 autrichiens que devait nous emmener le *prince de Schwartzemberg*; ces espérances jointes à celles de trouver à *Wilna* des magasins abondamment pourvus et des ressources de toute espèce, nous faisaient désirer ardemment, comme on peut le penser, d'arriver au plutôt dans cette ville.

Les rangs néanmoins s'éclaircissaient de jour en jour, et le faible secours de biscuit et d'eau-de-vie que nous reçûmes à 60 verstes de *Wilna*, arrivait trop tard pour être d'une utilité bien efficace. Les fatigues d'une route longue et déserte, la mauvaise qualité et surtout la petite quantité des aliments qu'on se procurait si difficilement, le manque de boissons spiritueuses, et par dessus tout cela un froid de 27 et 28 degrés, avaient réduit les individus les plus robustes à un état d'épuisement qui, chez la plupart d'entr'eux, s'augmentait d'une dissenterie aussi incommode que douloureuse. Moi-même, j'avais joui pendant tout le cours de la retraite d'une assez bonne santé, et avais lutté victorieusement contre les maux qui fondaient alors sur toute l'armée, lorsqu'à deux journées de *Wilna* je me sentis attaqué de cette maladie; un des moindres inconvénients qui en résultaient pour moi, était de m'obliger à m'arrêter à chaque instant et de perdre ainsi de vue les débris du régiment dont j'étais, à mon arrivée au gîte, souvent plus d'une heure à trouver l'emplacement.

A cette incommodité vint se joindre encore une douleur dont je ne m'avisai pas dans le moment de soupçonner la cause. J'étais, le 7 décembre au soir, logé, moi vingtième au moins, dans une bicoque où un banc et le dos d'une table me servaient de lit et d'oreiller, lorsque, vers le milieu de la nuit, je fus éveillé par des cuissons aigües que je ressentais dans mes pieds ; quelques mouvements que je voulusse faire pour changer de position et calmer peut-être par là la vive douleur que j'éprouvais , il me fut impossible d'en venir à bout , et le jour vint me surprendre dans cette cruelle agitation. Tout pénible qu'il m'était de poser les pieds à terre sans que ce mouvement ne m'arrachât des cris de douleur, il fallut cependant continuer mon chemin , et après m'être armé de résolution , je me mis en route et arrivai le 8 décembre au soir dans un état pitoyable aux portes de *Wilna.*

3ᴹᴱ PARTIE.

VILNA.

L'Empereur, escorté d'un petit nombre de cavaliers, avait quitté l'armée à dix-huit lieues de Vilna, et deux jours s'étaient écoulés depuis son passage dans cette dernière ville, lorsque, le 8 décembre, vers quatre heures du soir, la garde impériale vint occuper le faubourg de l'est connu sous le nom de faubourg de Smolensk. Une maison d'assez belle apparence et située tout auprès de la porte de la ville, fut désignée pour servir de logement à notre brigade qui, des deux régiments dont elle était composée, comptait alors environ 150 hommes, officiers compris. Le nombre des présents dans la compagnie dont je faisais partie se réduisait à quatre, savoir : le capitaine, le lieutenant, le sous-lieutenant et le sergent-major ; tout le reste était mort ou tombé entre les mains de l'ennemi.

Arrivés dans l'intérieur de la maison qui nous était destinée, nous en trouvâmes une partie occupée par un général et son état-major, ce qui n'empêcha pas cependant quelques-uns d'entre nous de s'installer autour du poêle qui était dans son appartement en attendant que les nôtres fussent disponibles. Notre premier soin après nous être un peu réchauffés fut, comme on peut bien le penser, de songer aux moyens de nous restaurer ; mais l'affluence des troupes qui se précipitaient vers la porte de la ville était si grande, qu'il fut impossible à nos messagers de pénétrer dans l'intérieur et conséquemment de nous acheter les subsistances dont nous avions tant besoin. Je me voyais forcé de jeûner encore cette nuit sans la bienveillance de notre hôte qui était, je crois, un ancien colonel polonais, et qui m'apporta ainsi qu'à mon lieutenant-colonel environ quatre livres de pain blanc, un peu de fromage et une bouteille d'eau-de-vie du pays, toutes choses pour lesquelles il refusa de prendre notre argent. Tout cela fut dévoré et avalé dans moins d'un quart-d'heure, et ce repas me sembla, dans la circonstance, aussi délicieux qu'un dîner de *Verry* ou des *frères Provençaux*.

Peu de temps après nous passâmes dans un appartement où nous trouvâmes établis un aide-de-camp et deux employés dont un couché sur un canapé avait auprès de lui sa femme qui le soignait. Nous nous disposâmes donc à prendre chacun une place aussi pour nous coucher, et moi je m'étendis sur le parquet à côté du poêle ; mais à peine mes pieds avaient-ils commencé à sentir la chaleur, que j'éprouvai tout aussitôt des douleurs cuisantes et je me décidai à faire ôter mes bottes, croyant soulager peut-être par ce moyen le mal que je ressentais. Cette opération faite pour la première fois depuis mon départ de Smolensk, me fit voir enfin clairement que la congélation de mes orteils était la cause de la vive douleur dont j'avais senti les premières atteintes dans la nuit du 5 au 6.

De ma vie je n'ai, je crois, passé une aussi cruelle nuit que celle du 8 décembre. Tourmenté par des douleurs aiguës aux pieds, j'étais encore travaillé par ma dyssenterie qui m'obligait à me lever à chaque instant, et à passer au milieu de l'obscurité, sur le ventre des autres personnes qui étaient couchées dans la chambre. Indépendamment de l'incommodité qui en résultait pour ces personnes, mes douleurs augmentaient toutes les fois que je posais mes pieds à faux ; et puis, n'ayant pu me procurer aucune chaussure depuis que j'avais fait ôter mes bottes, qu'il m'était impossible de remettre, j'étais contraint de marcher nus pieds dans la neige et sur la glace qui étaient dans la cour. Le jour arriva sans apporter d'autre soulagement à mes maux que de me convaincre que j'étais hors d'état de me remettre en route, si je ne me procurais des moyens de transport. L'idée de ne pouvoir plus suivre les débris de l'armée, et de me trouver sans nul secours à la merci de l'ennemi qui, selon toute apparence, arriverait bientôt à Vilna, m'attristait tellement qu'un des employés qui était dans notre chambre, et qui fut témoin de la cruelle perplexité qui m'agitait en ce moment, me parut être un Dieu tutélaire, lorsqu'il m'offrit une place dans une voiture qui lui appartenait. Tranquille désormais sur mes moyens de salut, j'attendais que l'ordre du départ fût signifié à nos troupes, et je comptais alors m'embarquer avec mon employé qui m'avait promis que quatre jours nous suffiraient pour nous rendre à Kœnisberg.

La journée du 9 se passa sans événement majeur ; seulement, comme nos croisées donnaient sur la rue qui aboutit à la porte de cette partie de la ville, nous eûmes pendant tout le jour sous nos yeux un spectacle des plus pitoyables.

J'ai dit que l'armée soupirait depuis long-temps après son arrivée à Vilna où elle espérait trouver quelques soulagements à ses longues.

et pénibles souffrances ; aussi fûmes-nous témoins de la répétition de la scène qui avait eu lieu aux portes de Smolensk au retour de Moscow ; avec cette différence , qu'à celle qui se passait à l'entrée de Vilna , la confusion qui résultait du désir que les troupes avaient de pénétrer dans la ville s'augmentait encore de la terreur qu'inspirait le voisinage des boulets russes dont plusieurs arrivaient dans la foule. Pressés , renversés tour-à-tour, plusieurs de ces malheureux expiraient sous les pieds des chevaux qui étaient pêle-mêle avec les hommes ; d'autres étaient étouffés par la multitude ou frappés par les boulets qu'envoyait la batterie russe placée sur une des hauteurs qui commandent la ville : en un mot on n'entendait que des cris de mort et de désespoir. La nuit vint épargner à nos yeux la continuation d'un spectacle aussi douloureux , mais ne diminua rien des sentiments pénibles que nous faisaient éprouver les gémissements et les cris lugubres dont nos oreilles étaient toujours frappées

Le 9 nous fûmes prévenus que le départ de la garde devait avoir lieu dans la nuit même. Je pressai alors mon employé de faire ses préparatifs ; il me promit qu'il allait donner ses ordres en conséquence à son domestique , et que je n'avais nullement besoin de concevoir aucune inquiétude à ce sujet. Enfin la nuit arriva et le mouvement qui régnait dans la maison m'avertit que le moment du départ n'était pas bien éloigné ; néanmoins ce ne fut que vers une heure du matin que la troupe prit les armes et fut se ranger en bataille dans la cour. La voiture de l'employé ne se trouvant pas prête, malgré les assurances qu'il m'avait données, l'idée de voir partir mes camarades sans moi vint de nouveau m'assaillir, et je me traînai avec assez de peine auprès de mon colonel qui assemblait les débris du régiment dans la cour. Je lui exposai , et il vit d'ailleurs lui-même, que ne pouvant supporter aucune chaussure , il m'était physiquement impossible de continuer ma route à pied ; j'ajoutai que si je pouvais avoir un cheval je ferais tous mes efforts pour suivre le régiment que je désirais tant de ne pas abandonner. Mon colonel me répondit qu'il était fâché de me voir dans cet état , et que s'il avait eu plus d'un cheval il m'aurait offert ce secours avec plaisir. Je voulus m'adresser encore à quelques officiers du régiment et notamment aux deux lieutenants-colonels, mais ils avaient également perdu leurs chevaux en route , et ne purent conséquemment m'obliger en cette occasion.

Enfin voyant que la troupe se mettait en mouvement, je voulus tenter un dernier effort et tâcher de la suivre ; mais après avoir fait une cinquantaine de pas au milieu des décombres et des cadavres dont la rue était couverte, il me fut impossible de resister à la violence des douleurs qu'éprouvaient mes pieds enveloppés d'une peau de mouton , la seule chaussure que j'avais pu me procurer , la seule d'ailleurs qu'il fût en mon pouvoir de supporter. Je fus donc contraint de voir partir sans moi mes camarades, et après avoir embrassé mon compatriote *Dast*, je regagnai, les larmes aux yeux, la chambre où était l'employé. Je le trouvai occupé à préparer quelques aliments qu'il avait recueillis dans la maison, et après lui avoir rappelé sa promesse, je lui représentai que les troupes étant parties, il était urgent de faire diligence pour les suivre, que le jour ne tarderait pas à paraître et que je craignais, si nous l'attendions, quelqu'événement désagréable. Tous ces raisonnements ne purent l'empêcher de continuer ses préparatifs de cuisine, et se fiant d'ailleurs sur l'exactitude de son domestique, il les prolongea tellement malgré mes vives instances que le jour commençait à poindre, lorsqu'enfin je le décidai à voir si sa voiture était prête. Mais ce fut bien autre chose quand après avoir appelé et cherché à plusieurs reprises son exact domestique, il le trouva ivremort couché dans l'écurie d'où il avait laissé emmener deux de ses chevaux. De quelque manière qu'il voulût s'y prendre pour l'arracher de là, il lui fut impossible d'en venir à bout. Un soldat de mon régiment étant resté dans la maison, je le chargeai de suppléer le domestique ivremort, et il s'occupa conjointement avec l'employé à atteler les deux chevaux restants. C'était à peine achevé et nous nous préparions à monter dans la voiture, lorsque tout-à-coup plusieurs coups de fusil tirés dans la rue, et les cris de *cosaques, cosaques*, nous avertirent de la présence de l'ennemi. Plusieurs de nos soldats qui n'avaient pu suivre leurs régiments couraient pêle-mêle dans la cour, et se précipitaient en foule pour sortir de la maison. Mon employé saisissant son porte-manteau sous le bras se mêle parmi eux, et me laisse là avec sa voiture. L'impossibilité de la faire sortir dans ce moment, et la crainte d'être massacré dans cette maison, me déterminent à suivre le torrent, et je m'achemine parmi la foule vers la porte de la ville qui était à vingt pas de là. Dieu sait ce que j'eus à souffrir dans ce court trajet pendant lequel mes pieds étaient à chaque instant horriblement pressés. Parvenu sous la porte de la ville, une volée de mitraille étendit autour de moi cinq ou six de ceux parmi lesquels j'étais; j'accélère le pas autant que possible et je me trouve enfin sur la place de Vilna. Un régiment français était rangé en bataille; je m'adresse à un des officiers et lui demande, comment il se faisait qu'étant comme il le paraisait préposés à la défense de Vilna, ils ne se portaient pas à l'entrée de la ville pour s'opposer à l'ennemi qui se présentait déjà à la porte? Nous attendons les ordres du général, fut sa réponse. Ne croyant pas devoir en attendre le résultat, je quittai la place, et sans trop savoir où je pourrais aller, je suivis la foule qui se précipitait dans la rue des *Allemands* afin de gagner la porte et le chemin de Kowno; mais l'affluence était si grande qu'il était impossible d'aller plus vite que le pas ordinaire. Dans cette multitude je distingue par derrière un officier du régiment qui, monté sur un *cogna*, avait aussi beaucoup de peine à avancer ; je l'appelle, il se retourne et je reconnais mon ami *Derouyn* qui ayant logé dans une autre maison que celle où j'étais avec la majeure partie de nos camarades, et ayant aussi les pieds gelés comme moi, n'avait pu suivre le régiment. Nous délibérions de quelle manière il nous était possible de nous tirer du mauvais pas dans lequel nous nous trouvions, lorsque quelques coups de pistolet tirés très-près de nous nous firent tourner la tête, et nous aperçûmes alors distinctement les lances des cosaques qui écartant ou faisant tomber tout ce qui se trouvait devant eux, n'avaient qu'une cinquantaine de pas à faire pour arriver jusqu'à nous. Une porte se trouvait ouverte, nous nous y précipitons. Parvenus au haut d'un escalier, une jeune dame se présente à nous ; elle parlait français. Nous lui demandons l'hospitalité, elle nous fait entrer dans une chambre qui donnait sur la rue, et dans laquelle nous trouvons un vieillard polonais qui parlait latin et qui nous accueille avec bonté. Revenus de l'émotion que nous avait causée l'idée d'être massacrés, nous pûmes à travers les carreaux de la fenêtre juger de l'étendue du danger auquel nous venions d'échapper. La rue des Allemands était jonchée de morts ; aux hurlements de victoire que poussaient les cosaques en fondant sur cette foule de malheureux dont la plupart étaient exténués, venaient se joindre encore les vociférations des juifs. Croirait-on que cette classe, vil rebut de toutes les nations et dont la lâcheté est si connue, porta dans cette circonstance la barbarie jusqu'à assassiner impitoyablement des hommes sans défense, dans le seul désir de les dépouiller. Quel spectacle de voir des militaires qui avaient à peine la force de marcher, de les voir, dis-je, souvent épargnés par les cosaques, pour tomber sous les coups des juifs ! Qui croirait que sans distinction ni d'âge, ni de sexe, cette horde exécrable se précipitait avec fureur sur ces spectres ambulants ! J'ai vu un grenadier français tomber mort d'un coup de sabre qu'un petit juif d'environ dix ans lui avait enfoncé par derrière. Hommes, femmes, enfants, tous étaient armés de bâtons ou de sabres avec lesquels ils atterraient nos malheureux soldats. Les cris de *vive Alexandre ! et de mort aux français* étaient les seuls qu'ils faisaient entendre. Jamais le nom d'un souverain n'avait été profané comme dans cette circonstance, où cette misérable canaille osait l'invoquer en frappant lâchement des soldats incapables de se défendre.

Nous nous éloignâmes enfin de cette scène de douleur et nous nous jetâmes sur un lit qui était dans l'appartement. Après deux heures de sommeil peu tranquille sans doute, la dame qui nous avait parlé la première nous invita à la suivre dans une chambre qui était au second étage, et dans laquelle, disait-elle, nous serions plus à l'abri des perquisitions vexatoires que les cosaques ne manqueraient pas, sans doute, de faire dans toutes les maisons. Elle nous y laissa seuls après avoir fait allumer le poêle, et ferma la porte en dehors. On peut penser que nous passâmes une nuit assez désagréable, n'ayant d'autre lit que le parquet, sans paille, et sans bois, car le poêle ayant bientôt consommé le peu qu'on nous avait apporté, nous tremblâmes de froid durant le reste de la nuit.

Le lendemain matin, elle nous fit descendre pour nous mener dans une chambre du premier étage, où étant arrivés nous trouvâmes trois français couchés sur un peu de paille hachée, et tous trois dans un état pitoyable. L'un deux presque nu, était le neveu du duc de Lodi, archi-chancelier du royaume d'Italie Il s'appelait Melzi, et nous dit être lieutenant attaché à l'état-major du général Pino ; les deux autres étaient deux sous-officiers dont l'un était blessé d'une balle qui lui avait traversé le corps, et dont l'autre avait les pieds gelés. On respirait dans cette chambre qui était fort petite une odeur fétide qui faillit à nous renverser en entrant : néanmoins il fallut bien s'y accoutumer et partager avec nos nouveaux compagnons d'infortune le seul logement que l'on voulut bien nous accorder.

La dame nous ayant fait part de l'appréhension où elle était de quelque visite domiciliaire de la part des cosaques, finit par nous conseiller de lui remettre en dépôt l'argent et les effets de prix que nous pouvions avoir, afin de les soustraire, par ce moyen, à l'avidité de ces soldats qui ne se piquent pas, comme on sait, dans ces cas là d'une grande délicatesse. Mon camarade Derouyn lui confia donc sa montre et une bourse dans laquelle il y avait une vingtaine de louis. Quant à moi, je n'avais qu'une centaine de francs que je lui remis aussi. Au moyen de cet argent, nous convinmes avec elle, qu'elle nous ferait mettre tous les jours, par le cuisinier de la maison un petit pot-au-feu pendant le temps que nous resterions chez elle, nous en rapportant à ses bonnes dispositions envers nous pour ménager du mieux possible notre dépôt qui, dans l'incertitude où nous étions de notre situation future, nous serait sans doute d'une grande utilité.

Il y avait quatre jours que nous étions dans cette chambre, lorsque deux soldats russes qu'on nous avait donnés pour nous garder, firent sortir les deux sous-officiers qui étaient avec nous, en leur disant de se rendre à l'hôpital. Nous restâmes en conséquence seulement trois, savoir : Melzi, Derouyn et moi. Une conversation que nous eûmes le même jour avec la jeune dame nous apprit, que la maison dans laquelle nous étions appartenait à divers locataires dont son oncle, avocat polonais, était le principal. C'était par l'ordre de cet oncle que nous occupions cette chambre qui était contigüe à un autre appartement que louait une certaine personne dont j'aurai bientôt l'occasion de parler. Quant à ce qui regardait particulièrement la jeune dame, nous sûmes par elle aussi qu'elle était la femme d'un certain comte Bulgari, grec d'origine qui, ayant appris à Petersbourg où il vivait avec sa femme, que son père venait de mourir à Corfou, s'était mis en route avec elle pour aller recueillir la succession. S'étant arrêtés à Moscow ils y avaient été surpris par l'armée française et l'avaient suivie pendant la retraite jusqu'à Vilna, où madame Bulgari s'était arrêtée chez son oncle. Je me rappelai en effet, de l'avoir vue pendant la route dans une voiture de la suite du vice-roi dont son mari connaissait quelques personnes.

Quoiqu'il ne nous fut guère permis de sortir de notre chambre, j'eus, ainsi que mon camarade Derouyn l'occasion de voir quelquefois M. le général de division Lahoussaye qui, étant tombé malade en arrivant à Vilna, avait été forcé de rester dans cette maison où il était primitivement logé. L'état de faiblesse dans lequel il se trouvait ne lui permettant pas d'écrire, il me pria de vouloir bien lui servir de sécretaire en cette occasion où il avait besoin de communiquer avec plusieurs personnes du quartier général. Je profitai de cette circonstance pour joindre à son envoi une lettre que j'adressai à mon colonel, et dans laquelle je lui faisais part de la situation où Derouyn et moi nous nous trouvions. Nous fûmes d'autant plus portés à espérer que le paquet parviendrait à son adresse, qu'il était sous le couvert de l'amiral Tschitchagoff qui se trouvait à Vilna, et qui avait fait promettre au général qu'il le ferait partir pour le quartier-impérial de l'armée francaise.

Il y avait dans la même chambre où était le général un sous-lieutenant du 2me régiment de ligne nommé M. Georgin, qui avait aussi les pieds gelés et une balle dans la cuisse. Le patron du logis l'envoya bientôt avec nous.

Le passage de l'armée russe continuait journellement ; nous l'apprenions par Mme Bulgari, et par la quantité d'officiers russes et de soldats qui logeaient dans la maison. Nous avions plusieurs fois demandé si l'on s'occupait du sort des prisonniers : elle nous avait répondu qu'il fallait prendre patience, que nos noms et nos grades avaient été envoyés chez le commandant de place, et que sous peu, sans doute, on songerait à nous. Le séjour de cette maison commençait à devenir assez désagréable. Indépendamment de l'extrême insalubrité qui regnait dans notre chambre, nous étions tourmentés à chaque instant par le voisinage de la personne dont j'ai déjà parlé, vraie mégère qui ne cessait de nous injurier, et qui souvent dans ses excès de folie, ouvrait portes et fenêtres afin de nous faire humer un air de 29 degrés de froid. Aussi nous désirions savoir par nous-même ce qu'on faisait des autres prisonniers français afin de nous régler là-dessus.

L'empereur Alexandre étant arrivé vers la fin de décembre, nous apprîmes qu'il avait chargé M. le comte St.-Priest, l'un de ses aides-de-camp, des soins qui regardaient les prisonniers français. Nous avions souvent témoigné à Mme Bulgari le désir d'aller nous présenter à lui. Elle s'y était opposée constamment sous le pretexte dès dangers auxquels nous nous exposerions en sortant dans les rues remplies de soldats russes qui maltraitaient et dépouillaient même les français qu'ils rencontraient. Néanmoins un jour, à son insu, nous hasardâmes une sortie, Derouyn et moi, en nous faisant accompagner par un de nos sauve-gardes qui, à l'aide de quelques *Kreutres* avaient bien voulu se prêter à cette démarche. Nous arrivâmes sans accident jusqu'à la porte du logement de M. le comte St -Priest; mais lorsque je voulus m'adresser à la sentinelle pour obtenir la faculté de parler au général, il fallut préalablement débourser une *goulde* (petite pièce d'argent équivalant à 12 sols de notre monnaie, après la réception de laquelle, M. le grenadier russe m'accorda la permission de monter. l'escalier. Parvenu au haut, même sommation de la part d'un de ses camarades qui était en faction à la porte de l'antichambre. Je fus tellement outré de voir la manière dont on cherchait à rançonner de malheureux prisonniers qui venaient réclamer les secours qu'ils avaient lieu d'espérer, que je refusai net à ce second soldat, qui par parenthèse était, aussi bien que le premier, grenadier de la garde impériale russe, la rétribution qu'il exigeait de moi pour me laisser pénétrer dans l'appartement du comte St.-Priest. Ce refus me valut quelques propos ironiques, auxquels n'ayant pu m'empêcher de répondre tant bien que mal, je fus contraint d'abandonner ma demande après avoir reçu de M. le grenadier de la garde quelques bourrades, qui me firent descendre l'escalier avec un peu plus de précipitation que je n'en avait mis à le monter.

Peu satisfaits d'une réception aussi inattendue, nous reprîmes, assez mécontents, le chemin de notre logement. A peine avions-nous fait quelques pas dans la rue que nous fûmes assaillis par une troupe de cosaques et de juifs qui, alléchés sans doute par la vue de nos vêtements, et notamment par celle d'une pelisse assez propre que portait mon camarade Derouyn, se précipitèrent sur nous en criant *caput, caput, françosen*, et nous auraient sans doute fait un très-mauvais parti si la sauve-garde qui nous accompagnait ne se fut jetée devant nous, en assurant à ses chers compatriotes que par ordre supérieur nous étions sous sa protection immédiate. Cette courte harangue opéra fort heureusement pour nous, car la bande judaïco-cosaque nous laissa continuer notre chemin sans nous inquiéter; seulement je m'apperçus en me retournant quelquefois, que le parti israëlite voyait s'éloigner à regret une proie sur laquelle il ne cessait de jeter, tant qu'il put nous apercevoir, un regard de convoitise hébraïque.

Cinq ou six jours s'étaient écoulés depuis cette aventure, lorsqu'un matin l'intendant de l'oncle de Mme Bulgari vint nous prévenir qu'il fallait à l'instant quitter sa maison pour se rendre à un hôpital où, disait-il, on s'occupait de recueillir tous nos compagnons d'infortune. Cet ordre nous parut être un arrêt de mort; car nous connaissions l'état de confusion et de désordre dans lequel était encore la ville, et nous présumions avec raison, qu'un hôpital organisé dans ces circonstances manquerait sans doute de tout ce qui est nécessaire à un pareil établissement, et se réduirait, tout au plus, à un abri dénué de moyens de chauffage et peut-être d'aliments, et où nous serions entassés pêle-mêle ayant à lutter contre le froid, la faim et les maladies de tout genre.

Déjà le traineau qui devait nous transporter attendait dans la cour, lorsqu'après plusieurs prières inutiles de me permettre, aussi qu'à mon ami Derouyn, de passer encore une nuit dans la maison, promettant d'en sortir le lendemain et de chercher ailleurs un abri, je saisis une vieille lame de sabre que je trouvai sous ma main, en assurant ceux qui voulaient me forcer à sortir qu'on ne me porterait que mort à l'hôpital. Cette menace jointe à l'exiguité du traineau qui devait nous transporter et qui ne pouvait contenir que deux personnes, décida notre patron à permettre à Derouyn et à moi de passer encore une nuit seulement chez lui. En conséquence il n'y eut que M. Georgin et M. Melzi qui sortirent ce jour-là de cette maison. Ils furent tous les deux conduits dans une espèce d'hôpital que l'on appelait *la Clinique*, et où quatre jours après leur entrée l'infortuné Melzi expira à la suite d'un tétanos occasionné par l'excès des souffrances et de la misère qu'il avait endurées depuis un mois surtout. Ce malheureux jeune homme semblait pressentir en nous quittant qu'il n'avait que peu de jours à vivre, et je ne pus m'empêcher de verser des larmes lorsqu'en nous séparant, il m'embrassa et me dit d'un ton qui me pénétra : « *M. Philip, écrivez je vous prie à ma mère qu'elle n'a plus de fils.* » La nature des circonstances m'a empêché jusqu'à présent de m'acquitter de ce triste devoir; au reste, le nombre des compatriotes du malheureux Melzi qui ont été les témoins de sa mort est assez considérable, et sa famille, une des premières du royaume d'Italie, assez connue d'eux, pour que je sois porté à croire que ses parents en ont reçu la triste nouvelle.... Depuis mon retour en France, j'ai appris de quelques officiers italiens que Melzi n'était pas mort, et qu'il avait revu sa patrie. Puisse cette miraculeuse résurrection n'être pas une illusion de l'amitié! Quant à M. Georgin il eut le bonheur d'échapper à la contagion, et après quelques mois de souffrances, ses orteils furent amputés, et ses douleurs radicalement guéries. Je l'ai revu plusieurs fois depuis ce temps, et à la difficulté près de marcher comme auparavant, il se portait fort bien. Il faut dire aussi qu'il avait constamment opposé aux vives douleurs qu'il ressentait à ses pieds horriblement mutilés par la congélation, une résignation et un courage que le pauvre Melzi n'avait jamais eu la force d'employer.

Le lendemain donc, 1er janvier 1813, nous reçûmes pour nos étrennes, l'ordre irrévocable de notre patron de chercher un gîte ailleurs. Nous avions réglé nos comptes la veille avec Mme Bulgari la dépositaire de nos fonds, et il résultait d'après son mémoire, que pour les vingt jours que nous avions séjourné dans sa maison, nous lui étions redevables de cent francs. C'était payer un peu cher, pour des prisonniers surtout, un pot-au-feu dans lequel il entrait journellement deux ou trois livres de viande, et quelquefois (par extraordinaire) cinq ou six cuillerées de pois. Mais enfin, Mme Bulgari nous assura que les denrées avaient considérablement augmenté de prix, que le cuisinier avait tout fait en conscience, et qu'elle n'avait pu, qu'avec beaucoup de difficulté, le faire consentir à se contenter de la somme de *cinq roubles* (cinq francs) par jour pour nos deux livres de bouilli. En vérité il était impossible de prendre nos intérêts de meilleure grâce, et le procédé de Mme la comtesse nous touchait au point qu'il nous était impossible de trouver aucune expression pour lui témoigner toute l'étendue de notre reconnaissance. Sa modestie ne lui permettant pas sans doute d'interpréter d'une manière trop avantageuse pour elle, l'embarras où nous étions de lui répondre, elle se hâta de se dérober à l'expresion de notre gratitude, en remettant à mon camarade Derouyn le restant de sa bourse, à deux ou trois louis près cependant dont elle avait disposé pour quelques petites emplettes, et qu'elle lui rendrait la première fois qu'il lui ferait le plaisir de venir lui faire une visite à quoi elle nous engageait instamment. Tout cela fut accompagné d'un sourire qu'on s'efforça de rendre gracieux, et d'un *portez-vous bien, messieurs*, qui ressemblait assez à un *bon voyage, mais ne revenez pas.*

Nous voilà donc dans la rue sans trop savoir ce que nous allions devenir. L'hôtel de M. le comte St.-Priest n'était pas loin; nous nous décidâmes une seconde fois à nous y présenter. Nous étions même résolus à satisfaire sans difficulté aux sommations pécuniaires des sentinelles si, comme la première fois, il n'y avait que ce moyen pour être introduits : mais soit que messieurs les grenadiers de la garde impériale russe se fussent un peu plus humanisés depuis quelques jours, soit qu'ils eussent reçu l'ordre formel de ne point s'opposer en aucune manière au libre accès des prisonniers français qui demandaient à parler à M. le comte St.-Priest, nous parvînmes cette fois, sans obstacle, jusqu'à l'antichambre de ce général; arrivés là, un tableau vraiment pitoyable vint encore s'offrir à nos regards : cette salle était encombrée par une foule de nos malheureux compagnons d'infortune qui attendaient avec la plus grande impatience une audience du comte. La plupart d'entr'eux ayant été totalement dépouillés par les cosaques étaient affublés de haillons avec lesquels ils tâchaient de se garantir du froid, quelques-uns, plus heureux, étaient revêtus de quelques habits de simples soldats qu'ils avaient dû à la commisération ou au hasard; tous étaient blessés ou avaient quelque membre gelé; tous portaient sur leurs figures l'empreinte d'une longue abstinence et des souffrances de tout genre, ce qui joint à la bizarrerie pitoyable de leurs vêtements leur donnait l'air d'une troupe de spectres. Quel sentiment douloureux n'éprouvait-on pas lorsqu'on venait à reconnaître dans cette triste réunion, un ami ou même un parent! Combien les effusions que ces sortes de rencontres produisent ordinairement étaient dans cette malheureuse circonstance mêlées d'amertume!... Dans le nombre de nos infortunés compatriotes nous eûmes beaucoup de peine à reconnaître M. Paulin, aide-major de notre régiment, qui avait été fait prisonnier à trois journées au-delà de Vilna, tant il était défiguré par les mauvais traitements qu'il avait essuyés. Il venait, ainsi que la plupart de nos camarades, demander quelques secours au comte St.-Priest, surtout en habits : il en avait d'autant plus besoin qu'il n'était couvert que d'un simple pantalon de mauvaise toile, et d'une veste toute déchirée; on lui avait pris jusqu'à sa chemise. On peut penser quel fut son contentement en trouvant en nous deux officiers de son régiment, avec lesquels il était sûr de partager les ressources qu'ils pouvaient avoir.

Le nombre des prisonniers français qui affluaient chez M. de St.-Priest était si considérable, que lui-même, ses aides-de-camp et ses sécretaires avaient beaucoup de peine à satisfaire aux demandes pressantes de chacun. Cependant nous obtînmes de l'un de ses frères, qui était son aide-de-camp, un billet d'entrée pour l'hôpital militaire des Augustins que l'on nous assura être le seul où, pour le moment, on recevait les officiers prisonniers. Nous nous acheminâmes donc vers ledit hôpital où étant arrivés, il ne se présenta personne à la porte pour nous demander nos billets d'entrée : nous pénétrâmes plus avant sans rencontrer l'ombre d'un vivant mais, à la place, une effroyable quantité de cadavres hideux de militaires français qui étaient entassés dans les cours et les corridors et obstruaient tous les passages. Je laisse à juger de l'effet que devait produire sur nous la vue d'un lieu qui, selon les apparences, servait de cimetière à tous ceux qui, pour leur malheur, étaient contraints de l'habiter. Néanmoins nous continuâmes nos recherches, et parvînmes à travers les décombres, les ordures et les morts à reconnaître la trace de quelques vivants qui, comme nous le vîmes bientôt, n'avaient pas longtemps à l'être. Dans une mauvaise chambre toute délabrée et ouverte de toutes parts, étaient nichés sur un tas de paille pourrie cinq ou six malheureux officiers français qui luttaient douloureusement contre le froid et la maladie; l'un deux, sans doute un peu mieux portant que les autres, était occupé à recueillir quelques débris de vieilles étoffes et de vieux schakos épars dans l'appartement, et les rassemblait dans un poêle à demi brisé où il les brûlait. Tel était le faible moyen dont ils pouvaient se servir pour se garantir un peu de la rigueur du froid; car depuis qu'ils étaient là, on ne s'était jamais occupé de leur envoyer du bois. Quant à leur nourriture, deux ou trois poignées de biscuit noir étaient le seul aliment qu'ils eussent reçu depuis huit jours. Indépendamment de tous ces inconvénients, ces malheureux étaient tellement à l'étroit qu'ils ne purent nous dissimuler la crainte où ils étaient en nous voyant que nous fussions dans l'intention d'augmenter encore par notre arrivée la gêne qui résultait de l'exiguïté et des autres incommodités de leur logement; nous fîmes bientôt cesser l'appréhension dans laquelle ils étaient en abandonnant leur misérable réduit avec la ferme résolution de n'y pas rentrer. Cependant il fallait songer à nous procurer le jour même un logement à moins d'être décidés à coucher dans la rue, ce qui, au mois de janvier et dans l'état où nous étions, ne pouvait pas influer très-avantageusement sur notre santé. Nous entrâmes donc tous les trois dans un cabaret afin de prendre quelque nourriture dont M. Paulin surtout avait tant de besoin, et pour aviser en même temps au moyen de nous loger. Il y avait dans ce même cabaret trois chirurgiens français qui ayant su de nous le sujet qui nous occupait, s'offrirent à travailler de concert avec nous pour trouver dans la journée une maison où, en payant, on voulût nous recevoir tous les six. Ce ne fut que vers la nuit que nous parvînmes à obtenir d'un boulanger allemand qu'il nous céderait une petite chambre qu'il avait dans la rue des juifs à raison de trois ducats (36 fr.) par mois. Nous allâmes donc nous installer dans notre nouvelle chambre, si l'on peut donner ce nom à un malheureux taudis placé immédiatement au dessous du toit, et où aboutissait un escalier de bois à demi-pourri, dégarni de rampe et dont l'inclinaison presque perpendiculaire nous obligeait à la gravir avec le ventre ou à la descendre sur le dos. Une chaise de bois composait tout notre ameublement, et deux ou trois bottes de paille nous servirent de lit. Quant au chauffage, il était convenu que cela ne regardait nullement notre hôte, et qu'ainsi si nous voulions du bois il fallait nous en procurer comme nous le pourrions, c'est à dire, en payant. Pour comble d'agrement nous avions pour commensaux de logis, depuis le premier étage jusque vis-à-vis notre mansarde trois ou quatre nichées d'enfants d'Israël dont le voisinage se faisait encore plus *sentir* qu'entendre

Ce fut dans cet aimable séjour que nous résolûmes de laisser passer la tourmente qu'occasionnait le grand nombre de troupes qui arrivaient journellement à Vilna. Nous nous occupâmes en conséquence à pourvoir nous-mêmes à nos subsistances et aux moyens de chauffage.

Les trois chirurgiens qui étaient avec nous étaient M. Lefort et MM. Mellet frères dont le cadet se trouvait malade au point de ne pouvoir se lever de dessus son tas de paille, Derouyn souffrait beaucoup de ses pieds, et moi de mes jambes sur lesquelles il m'était poussé quelques petits ulcères qui toutes les fois que je voulais marcher me causaient de vives douleurs : en sorte qu'il n'y avait que M. Paulin, Lefort et Mellet l'aîné qui, pouvant marcher, vaquaient à nos besoins et allaient acheter nos subsistances.

Quatorze jours s'étaient écoulés depuis notre entrée dans cette baraque lorsqu'un soir notre hôte vint nous annoncer que nous eussions à faire nos préparatifs pour décamper dès le lendemain. Nous ne pûmes obtenir de lui d'autre explication de cette étrange et subite résolution sinon que tel était son bon plaisir.

Messieurs Mellet et Lefort s'étaient pourvus d'un autre logement chez une dame de la ville, et moi ayant eu occasion de voir d'autres prisonniers qui m'en avaient indiqué un à louer, j'y conduisis mes camarades Derouyn et Paulin.

Notre nouveau logement était situé dans une espèce de cul-de-sac entièrement habité par des juifs. Le devant des maisons et l'odeur qui s'en exhalait indiquait assez que ce quartier était le repaire des illustres descendants d'Abraham ; mais malgré la répugnance que nous causait un pareil voisinage, il avait fallu se décider néanmoins à prendre un logement chez un juif, après plusieurs enquêtes infructueuses pour nous en procurer un ailleurs. La chambre que nous devions occuper, était à peu de chose près, le duplicata de celle que nous venions de quitter, ainsi nous pouvions dire, avec raison, que nous n'avions ni perdu, ni gagné au change : c'est pourquoi nous nous déterminâmes à y loger jusqu'à ce qu'il fût possible d'en trouver une plus convenable. Etant sorti dans la journée pour m'occuper de cet objet, j'entrai dans un café situé sur la place, qui était le rendez-vous de plusieurs officiers français prisonniers, et où j'espérais obtenir peut-être quelques renseignements sur les logements à louer. J'entretenais à ce sujet un de mes voisins lorsque je fus accosté par un officier russe qui, témoin de mon embarras, m'offrit sur le champ de partager le logement qu'il occupait dans la garnison. Le ton de franchise militaire qu'il mit dans sa proposition me détermina à l'accepter de la même manière, et je le fis d'autant plus volontiers que j'avais l'assurance de ne lui être nullement à charge sous aucun autre rapport, assurance sans laquelle je me serais fait un devoir de refuser son offre obligeante. Il fut donc convenu que je n'aurais de commun avec M. le capitaine Volff que le logement *seulement*, et que j'irais m'installer le soir même chez lui.

Mon camarade Derouyn étant ainsi que moi dans l'intention de ne pas habiter long-temps le logement du juif, était aussi sorti pour s'en procurer un autre, ce à quoi il avait réussi. Quant à M. Paulin, son état avait empiré principalement à cause de la négligence qu'il avait mise à se pourvoir chez le comte St.-Priest des effets d'habillement que l'on délivrait à ceux qui, comme lui étaient dans un état de nudité presque complète. Je lui avais donné un fragment de fourrure que j'avais porté pendant la retraite, et ce faible secours lui avait fait imprudemment oublier la nécessité où il était d'aller demander d'autres vêtements chez M. le comte. Cette négligence jointe aux souffrances qu'il avait essuyées avant de se joindre à nous, l'avaient réduit à un état d'épuisement qui le contraignit d'entrer à l'hôpital de la Clinique, le seul qui fût alors un peu organisé.

Nous voilà donc tous les trois séparés : Derouyn logé en ville, Paulin à l'hôpital et moi chez M. le capitaine Volff. Mon nouveau compagnon était baron Livonien et commandait une compagnie de grenadiers du régiment de Tauride; une maladie l'avait empêché de suivre l'armée, et il attendait le terme de sa convalescence pour quitter Vilna, et rejoindre ses drapeaux. Comme c'était un fort bon vivant, il mettait au profit des plaisirs les instants qu'il avait à passer dans cette ville, et ne paraissait pas au reste fort désireux de voir arriver le jour de son départ. Quoi qu'il en soit, M. le baron de Volff était d'un caractère fort jovial, avait une éducation assez soignée et n'affectait point, comme plusieurs de ses camarades, cette morgue nationale à l'aide de laquelle la plupart de ces messieurs se persuadent, je ne sais trop pourquoi, qu'il n'y a rien dans le monde au-dessus d'un gentilhomme russe. Aussi sa conversation me plaisait d'autant plus que loin de l'amener sur la politique ou sur d'autres matières semblables, elle roulait presque toujours sur de sujets plus gais tels que les femmes, les jeux, les spectacles etc. etc. Souvent même à la suite de nos entretiens, il mettait en pratique les leçons de morale épicurienne que nous avions agitées, et m'engageait à en faire autant. Malheureusement la disposition d'esprit dans laquelle j'étais à cette époque éloignait de moi toute idée d'amusement de ce genre, et je voyais alors avec indifférence mon baron se livrer à des plaisirs que dans d'autres circonstances j'aurais goûtés avec délices, tant il est vrai qu'il est des affections morales qui influent sur les tempéraments les plus ardents au point d'assoupir, tant qu'elles durent, les sensations physiques les plus agréables à éprouver.

L'empereur Alexandre avait quitté Vilna ; mais son frère le grand duc Constantin était resté dans cette ville. M. Volff m'apprit que plusieurs officiers prisonniers de la garde impériale avaient reçu de ce prince l'accueil le plus bienveillant, à la suite duquel ils avaient été envoyés à Pétersbourg dans la maison de son altesse : il m'engagea à me présenter à elle pour obtenir la même faveur ; je crus ne devoir pas hésiter à suivre ce conseil. Un matin donc m'étant adressé à M. le général Kurtz, l'un des aides-de-camp du grand duc, j'obtins pour le lendemain l'honneur d'une audience du prince. Je vais transcrire mot à mot la conversation que j'eus avec lui en cette occasion.

« Qui êtes-vous, monsieur ? — Mon prince, je suis lieutenant de la
» garde impériale. — Y a-t-il longtemps que vous êtes dans la garde ?
» — Quatre ans. — Dans quel corps serviez-vous avant d'y entrer ?
» — J'étais à l'école impériale militaire. — Ah, ah, votre père est donc
» aussi militaire ? — Non, mon prince. — Cependant je croyais qu'il
» fallait avoir des parents au service pour obtenir cette faveur. — En
» effet j'ai deux oncles militaires dont l'un a été colonel. — Vous l'ap-
» pelez ?... — Girard. — Est-ce celui qui est aujourd'hui général de
» division ? — Non, mon prince. — Comment vous appelez-vous ? —
» Philip.... » Là-dessus le grand duc me laissa et fut s'enfermer dans son cabinet. Je ne savais trop que penser de cette réception. La volubilité pressante de ses interpellations ne m'avait pas permis d'émettre la demande que j'avais à lui faire, en sorte que je présumais n'être pas plus avancé que je ne l'étais avant l'audience. En conséquence, j'étais prêt à m'en aller et à remettre à un autre jour ma demande d'aller à Pétersbourg ; une chose cependant me retenait encore : le général Kurtz avait été présent à la conversation du prince et l'avait suivi dans son cabinet ; cet aide-de-camp était instruit du sujet qui m'amenait, et j'espérais que peut-être il en aurait parlé au grand duc. En effet, au bout de quatre ou cinq minutes, le général Kurtz vint à moi et me dit : dans quel régiment de la garde servez-vous ? — Dans le régiment de flanqueurs. — Bon.... et il rentra dans le cabinet du prince. 20 secondes après il revint : — Depuis quand êtes-vous aux flanqueurs ? Depuis la formation du régiment. — Cela n'est pas possible. — En effet, lui répondis-je, tout étonné de ses dernières paroles, je me trompe lorsque je vous dis que je suis dans le régiment des flanqueurs depuis sa formation ; je n'y suis entré qu'environ trois mois après. — Et dans quel autre régiment de la garde serviez-vous avant ? — Dans le 4me des voltigeurs.... Le général Kurtz me quitta encore une

fois et revint peu de temps après en me disant : « vous avez raison ; » quant à votre demande d'aller à Pétersbourg rejoindre les officiers » de la garde impériale que son altesse a envoyés dans son palais, je » suis fâché de vous dire que vous vous y êtes pris trop tard ; le » grand duc part demain, et les préparatifs de son voyage l'occupant » entièrement, il ne lui est pas possible en ce moment de songer à » autre chose. » Là-dessus, le général Kurtz me remit cent roubles en billets de banque que le prince l'avait chargé de me donner. Un refus d'accepter ce don eût été déplacé dans cette circonstance où d'ailleurs l'exiguïté de ma bourse ne me permettait pas d'user en ce cas d'une fierté mal entendue ; je reçus donc les cent roubles, et après avoir remercié M. le général Kurtz, je pris congé de lui. Durant mon chemin je me livrai aux réflexions que devait naturellement faire naître ma conversation avec le prince, et surtout le court dialogue qui l'avait suivie entre son aide-de-camp et moi. Je conclus des interpellations de son altesse et notamment des paroles qui avaient rapport au général Girard, que le grand duc Constantin n'était nullement étranger à notre administration militaire ; et quant aux questions réitérées que le général Kurtz me fit, sans doute par son ordre, je pensai qu'il avait l'almanach impérial de France de 1812, où sont inscrits les noms de tous les officiers de la garde, et que cet almanach ayant été imprimé avant ma mutation de régiment, je ne pouvais pas conséquemment être porté sur la liste des officiers du régiment de flanqueurs dont je n'avais commencé à faire partie qu'au commencement du mois d'avril de la même année. Ce raisonnement me paraissait assez plausible. Je ne cherchai pas à former d'autres conjectures à cet égard, mais il me fut impossible, dans le moment, de découvrir le motif qui avait pu engager le prince à entrer avec moi dans tant de détails. J'appris dans la suite que plusieurs officiers français prisonniers, instruits de la bienveillance particulière que le grand duc avait accordée à des officiers de la garde, s'étaient faussement annoncés sous ce titre auprès de ce prince qui, n'ayant pas manqué de leur demander, comme à moi, leurs noms et ceux de leurs régiments, s'était convaincu formellement qu'ils ne faisaient point partie de la garde impériale. Cette vérification à laquelle ces officiers avaient été bien loin de s'attendre leur avait valu une assez mauvaise réception de la part du grand duc qui, suivant l'expression dont il s'était servi à l'occasion de cette supercherie, *n'aimait pas la fausse monnaie.* La connaissance de cette anecdote m'expliqua dès lors clairement pourquoi le prince Constantin m'avait paru user de méfiance à mon égard. Au reste je n'eus qu'à me louer de la bienveillance dont il daigna m'honorer, ainsi que de l'extrême affabilité de M. le général Kurtz son aide-de-camp. J'eus occasion d'observer pendant les deux ou trois heures que je restai dans les appartements du prince, qu'à son imitation ses aides-de-camp, secrétaires, employés, en un mot tout ce qui composait sa maison parlaient parfaitement le français, et se servaient même entr'eux de cette langue. Dans le nombre des officiers supérieurs qui venaient faire leur cour au grand duc étaient M. le prince de Gallitzin et M. le général Korzacoff, qui eurent la bonté de s'entretenir un instant avec moi, sans m'adresser la moindre mystification qui eût rapport aux événements du temps. Je n'en dirai pas autant d'un monsieur N. médecin de l'empereur Alexandre, qui se plut à me faire l'énumération pompeuse des captures importantes que leur armée, disait-il, avait faites sur la nôtre, comme par exemple, celle du bureau topographique de notre empereur ; celle du bâton de commandement de M. le maréchal Davoust et autres choses semblables : il s'étendit ensuite sur les succès passés, présents et futurs des armes russes, ce qui m'obligea à desserrer les dents pour répondre à ses rodomontades doctorales. Mais quelques efforts que je voulusse employer pour me faire entendre, il me fallut céder à la foudroyante volubilité du discours de mon adversaire qui ne me laissait pas le temps d'articuler une syllabe. A sa qualité de docteur il joignait celle d'écossais, deux titres auprès desquels les arguments les plus raisonnables ont peine à trouver accès. Aussi fus-je fort content lorsqu'un tiers vint mettre fin à cet entretien dont le sujet ne pouvait que m'impatienter.

J'habitais encore avec M. le capitaine Volff dont les attentions à mon égard étaient toujours les mêmes ; rarement il avait une partie de plaisir sans m'engager à en être, et il fallait vraiment se trouver dans la situation où j'étais pour ne pas succomber à la tentation. La seule dissipation que je me permettais, c'était d'aller quelquefois me promener en traîneau avec le baron à qui ce genre d'exercice plaisait infiniment, et que j'accompagnais alors plutôt par condescendance que par goût. Car, quoi qu'en puissent prétendre messieurs les seigneurs russes, je n'ai jamais regardé comme un grand amusement ces promenades hyperboréennes dans lesquelles il faut s'empaqueter tous les membres ou bien courir le risque d'être gelé ; ce qui joint à la triste monotonie des frimas dont la terre se trouve couverte à cette époque ne contribue pas, selon moi, à faire de ces excursions un objet fort récréatif.

A l'issue de mes repas j'allais quelquefois dans un café où se rassemblaient ordinairement les officiers prisonniers qui n'étaient pas tout à fait invalides, et où nous nous entretenions sur notre situation ; c'est là que j'ai fait la connaissance d'un grand nombre d'individus de l'armée dont il est probable que, sans la malheureuse circonstance qui nous réunissait alors, j'aurais ignoré peut-être toujours l'existence

J'y voyais souvent aussi Derouyn qui était entré à l'hôpital de la Clinique, et qui m'apprit que M Paulin devenait de jour en jour plus malade ; en effet peu de temps après je sus de mon camarade que notre aide-major était mort de consomption.

C'est ainsi que je voyais les journées s'écouler uniformément pour moi ; ma santé était assez bonne, et je n'éprouvais plus d'aussi vives douleurs à mes pieds ; ce n'est pas que j'eusse employé aucun remède pour les apaiser, au contraire j'eus bientôt lieu de me convaincre que j'avais sagement fait de ne pas mettre en usage aucun de ces prétendus spécifiques qu'un tas d'empiriques conseillaient, et dont l'application entraînait toujours les plus grands accidents : car la desquamation ou renouvellement de l'épiderme s'étant faite, je n'eus dès ce moment plus rien à craindre des suites de la carie des os qui aurait pu nécessiter l'amputation des orteils et peut-être même des pieds. Je suis toujours persuadé que c'est à la douce égalité de température qu'ont communiqué à mes pieds les peaux de mouton qui pendant plus d'un mois ont été mon unique chaussure, que j'ai dû insensiblement le rétablissement de la circulation du sang que la violence du froid avait suspendue dans ces extrémités. Cette définition n'est peut-être pas tout à fait d'après les règles de l'art d'Esculape, et plus d'un de ses suppôts y trouverait à redire ; quoi qu'il en soit, je pense que mon opinion n'est pas dénuée de fondement, et, dussé-je commettre un crime de lèse-faculté, je dirai que c'est à l'emploi des moyens les plus simples, et dont la découverte est presque toujours un effet du hazard, que l'on est fort souvent redevable de la guérison de certains maux contre lesquels on aurait épuisé en vain toutes les ressources de l'art. Combien l'observation de ce principe n'appauvrirait-elle pas l'empire du charlatanisme !....

Cependant ma santé commença à éprouver quelque altération, et bientôt je fus tourmenté par une fièvre des plus incommodes. Cet accident joint à la proximité du départ du baron de Volff, que je savais devoir dans peu quitter Vilna, me décida à sortir de sa maison pour aller dans un hôpital où je recevrais les soins qu'exigeait ma position. J'étais informé que dans le nombre des hôpitaux où l'on recevait les officiers prisonniers, celui de St Jacques présentait le plus de ressources aux malades ; desservi en partie par des sœurs de la charité, je savais que ces respectables filles suppléaient par leurs soins et leur zèle à la disette des moyens de secours dont les autres hôpitaux avaient tant à souffrir. C'est pourquoi je demandai et obtins de l'administration française établie à Vilna un billet d'entrée pour l'hôpital de St. Jacques. Ce fut donc le 6 février 1813 qu'après avoir témoigné mes remerciments au capitaine Volff des procédés honnêtes dont il avait usé à mon égard, je pris congé de lui et me fis transporter dans son traîneau au nouveau domicile que j'allais habiter pour la première fois de ma vie. Je ne cacherai pas que cette idée et la vue d'un bâtiment où j'allais me trouver en compagnie de morts et de mourants ne contribuèrent pas à diminuer ma fièvre. Il est singulier que l'aspect d'un champ de bataille ne m'ayant jamais causé la moindre sensation pénible, je ne pusse m'empêcher d'éprouver une impression mélancolique à la vue d'un moribond alité; surtout si c'est un militaire, car je pense qu'il n'y a pas de plus grand supplice pour lui que d'attendre la mort entre deux draps.

Le première personne que je vis dans les salles de cet hôpital fut M. Lorry-de-Fontenelle lieutenant au 2me régiment d'infanterie de ligne et l'un de mes anciens camarades à l'école de Fontainebleau. Il avait été blessé à Polosk d'une balle qui était restée dans le genou, ce qui l'avait empêché de suivre l'armée; je reçus de lui l'accueil que que je devais attendre d'un ami et d'un frère d'armes, et, comme il était un des doyens de la maison, ce fut lui qui me mit au courant des us et coutumes de ce lieu, et qui me procura un lit dans la seule salle où pour le moment il y en eût un de disponible.

Deux jours après mon entrée à l'hôpital ma fièvre prit un caractère nerveux, et je délirai pendant 24 heures. A cette crise succéda un assoupissement général d'où je sortis un peu soulagé. Je dois ici des remerciments bien sincères à M. Lefebvre chirurgien major chargé en chef du service de cet hôpital, aux soins bienveillants duquel je fus redevable en cette occasion d'un prompt rétablissement. C'est avec bien du plaisir encore que j'exprime aussi le vœu de ma reconnaissance envers M. Braquely lieutenant au 37me régiment de ligne, qui eut pour moi toute sorte de bontés pendant le temps que je restai alité, et qui ne m'ayant jamais connu n'avait pu conséquemment dans cette circonstance être mu que par des motifs de pure bienveillance.

Ma convalescence s'était opérée au bout d'une dizaine de jours, grâces aux soins du docteur et au régime qu'il m'avait prescrit, et qui consistant en aliments et boissons autres que la pitance de l'hôpital, avaient mis à sec les fonds de ma bourse; ce qui m'obligea dès lors à vivre du gruau et du bouillon de l'hospice. La solde que nous recevions et qui consistait en 50 kopeks (10 sous) par jour servait à m'acheter du pain blanc, car il m'eût été impossible de manger, dans l'état de faiblesse où j'étais, le biscuit noir et indigeste que l'on distribuait aux malades. Néanmoins ma convalescence était presque terminée et je devais même sous peu de jours aller dîner en ville avec le docteur Lefebvre, lorsqu'un nouvel accident vint encore me clouer dans mon lit d'où je ne pus sortir cette fois qu'au bout de deux mois.

L'impossibilité de se procurer souvent du linge blanc, celle de changer les vêtements que nous avions sur le corps, et plus que tout cela la malpropreté des fournitures de nos lits, avaient amassé sur moi, comme sur tous mes camarades d'hôpital, une quantité épouvantable de ces insectes dégoûtants dont la présence est si incommode. Les démangeaisons violentes qu'ils m'occasionnaient me faisaient gratter le corps avec tant de fureur que je déchirais la peau avec mes ongles, ce qui formait autant d'ulcères qui, à mesure qu'ils se cicatrisaient étaient de nouveau arrachés. Bientôt ces plaies devinrent si nombreuses et si profondes qu'il me fut impossible d'étendre mes membres et particulièrement mes jambes sans éprouver les douleurs les plus aiguës. Ce ne fut qu'après deux mois de souffrance et un traitement méthodique que je recouvrai l'usage de mes jambes : il me resta seulement sur les parties du corps qui avaient été couvertes par ces ulcères, des taches livides qui donnaient à ma peau l'air d'une peau de tigre ; heureusement elles ont disparu au bout de quelques mois. Je dus en grande partie, dans cette circonstance, ma guérison à M. Barantin, chirurgien aide-major de la garde, qui suppléait dans ses fonctions le docteur Lefebvre qu'une maladie retenait au lit.

La belle saison amena enfin mon rétablissement parfait, et je pus goûter le plaisir de la promenade, le seul dont ma position alors me permettait de jouir. Notre hôpital avait pris un aspect plus agréable, tant à cause des évacuations nombreuses qu'on avait faites et qui avaient rendu cette habitation plus commode et plus salubre, qu'à cause de l'amélioration de la santé des malades dont la majeure partie touchait au terme de leur guérison. L'oisiveté qui résultait de notre situation nous avait obligés à nous créer dans l'intérieur de nos salles, des amusements qui remplissaient le vide que nous laissaient le retour de nos promenades. C'est au milieu de ces puérilités dont l'usage paraîtrait sans doute pitoyable, ridicule même à ceux qui ne se sont jamais trouvés dans une position semblable à la nôtre, que nous vîmes arriver, sans trop nous en apercevoir, la fin du mois du mai.

Les évacuations pour l'intérieur de la Russie se succédaient avec plus de rapidité, en sorte que le nombre des officiers malades diminuant journellement, on jugea à propos de réunir dans un seul hôpital ceux qui étaient encore dans Vilna : En conséquence nous reçûmes vers la fin de juin l'ordre de quitter celui de St.-Jacques pour nous transporter à celui de *Dobrotchin*, qui était l'hôpital désigné pour le rassemblement général. Il serait difficile d'imaginer combien nous fûmes contrariés par cette mesure : l'intimité dans laquelle nous vivions entre nous, nous avait fait une douce habitude de ce séjour, et nous n'envisagions qu'avec peine le moment où nous devions l'abandonner, pour être transportés dans un lieu où assujettis à un autre genre de vie nous nous trouverions peut-être isolés les uns des autres ; en outre, nous allions être privés de ces charitables sœurs dont les soins complaisants avaient tant contribué à adoucir les maux de notre captivité. Croirait-on que ces respectables filles prenaient tant d'intérêt à nous, qu'elles furent solliciter elles-mêmes auprès des autorités constituées de la ville l'abrogation de l'ordre qui nous enjoignait de quitter leur hôpital ? Mais malgré leurs prières à cet égard, nous eûmes la douleur d'apprendre que leur démarche avait été infructueuse, et le jour de notre translation fut irrévocablement fixé au 29 juin. C'était vraiment un spectacle attendrissant que celui que présentait cette séparation : on eût dit en nous voyant les yeux mouillés de larmes, nos paquets sous le bras, et entourés de soldats qui devaient nous escorter, que nous étions autant de malheureux proscrits qu'un arrêt cruel arrachait à leur patrie et à leurs familles. Les bonnes sœurs elles-mêmes fondaient en pleurs et sanglottaient en nous embrassant ; et il était impossible de dire qui de nous ou d'elles était affecté le plus douloureusement. Avant de les quitter nous résolûmes d'un commun accord de leur laisser un témoignage de notre vive reconnaissance, et je fus chargé par mes camarades de dresser un écrit qui renfermât le vœu de notre attachement respectueux et l'expression de notre gratitude envers ces anges de consolation. C'est après leur avoir remis ce gage de nos sentiments pour elles, que nous leur dîmes adieu et nous acheminâmes tristement vers notre nouveau domicile.

L'hôpital de *Dobrotchin* était situé dans un quartier de la ville où était un jardin public qui servait de promenade aux habitants de Vilna ; les officiers prisonniers s'y rendaient aussi habituellement, et c'était là le seul agrément que nous présentât notre nouveau séjour. Au reste l'intérieur du bâtiment était assez lugubre, car entouré de hautes murailles il ne ressemblait pas mal à une prison d'état. De plus nous étions loin de jouir de la même liberté qu'à St.-Jacques, et nous ne sortions pas toutes les fois que nous en avions l'envie. Cette gêne jointe à d'autres petites règles vexatoires, et à la disposition peu commode du local nous faisait regretter nos bonnes sœurs de St.-Jacques : il est vrai que quelquefois nous avions le plaisir de les voir, car elles passaient rarement un jour sans venir nous visiter.

Enfin une revue passée le 4 juillet par M. Marie-de-St-Ursin, médecin chargé du service de l'hôpital de Dobrotchin, fixa le nombre des officiers qui, étant valides, devaient se préparer à partir au prochain convoi pour l'intérieur de la Russie ; et comme j'étais assez bien portant, et que d'ailleurs je voyais s'en aller plusieurs de mes meilleurs camarades, je demandai et j'obtins d'être inscrit sur la liste des partants. Je regrettai seulement de ne pouvoir faire ce voyage en compagnie de mon ami Derouyn qui avait quitté Vilna depuis le 28 juin.

Voilà la relation fidèle de mon second séjour dans Vilna. Les sept mois que j'ai passés dans cette ville forment la première période de l'époque de ma vie, où, jusqu'au moment où j'écris ceci, j'ai eu à souffrir encore plus moralement que physiquement.

Il me reste à parler après cette troisième partie de l'administration française établie par ordre de l'Empereur Alexandre pour la régie des hôpitaux des prisonniers de guerre. J'en ferai le sujet de l'article suivant.

RÉFLEXIONS SUR L'ADMINISTRATION FRANÇAISE ÉTABLIE A VILNA POUR LA RÉGIE DES HÔPITAUX, EN 1813.

L'arrivée de l'empereur Alexandre à Vilna, vers la fin de décembre 1812, avait eu pour résultat le rétablissement de quelque apparence de tranquillité, et avait amené sinon la cessation totale, au moins la diminution des massacres dont cette ville était le théâtre depuis plusieurs jours.

Le premier soin de ce souverain avait été de s'occuper du sort des prisonniers français, auxquels il ne crut pas pouvoir donner une plus grande preuve de sa bienveillante sollicitude que de confier, en partant, l'administration des hôpitaux qu'il leur avait fait ouvrir à des ouvriers choisis parmi eux. Ces administrateurs devaient avoir la régie de ces établissements, sans participation aucune d'autorités intermédiaires Russes, mais ils étaient sous l'inspection immédiate d'un Conseiller d'État résidant à Vilna, et du commandant d'armes de la ville.

Une fourmilière d'inspecteurs, commissaires, directeurs et employés de 1re et de 10me classe se présentaient en foule, pour obtenir un emploi dans la nouvelle administration. L'assurance de bons émoluments et l'espoir de réparer *les pertes de la campagne*, mirent en mouvement des centaines d'intrigants, que l'on voyait pulluler dans l'antichambre du comte de Saint-Priest, comme des enfants de Mars sortis des dents du dragon de Cadmus. A leur tête, était un R. D. V....., qui se disait commissaire des guerres, homme plat et entreprenant s'il en fut jamais, et qui, à force de courbettes et d'importunités, finit par obtenir du général de Saint-Priest la place de directeur-général des hôpitaux français de Vilna. Il eut pour collègue, dans cet emploi, un régisseur-général des hôpitaux, qui, comme lui, était prisonnier de guerre, et s'appelait M. C....

Revêtus de leurs nouvelles fonctions, les deux directeurs rédigèrent un plan d'administration qu'ils n'eurent pas de peine à faire approuver par le comte de Saint-Priest. On peut bien penser que le *primo mihi* n'avait pas été oublié, et que ces messieurs avaient songé d'abord à

l'article essentiel, celui du traitement de solde. Croirait-on qu'ils obtin-
rent pour eux le même traitement que l'on accordait à nos généraux de
division prisonniers, c'est-à-dire cinq roubles par jour? Croirait-on
qu'à l'aide de la prétendue assimilation des emplois aux grades de l'armée, un conducteur de parc touchait la solde d'un général de brigade,
et un goujat de dépensier d'hôpital celle d'un colonel?....

Bientôt nos décemvirs se virent assiégés d'une foule de pétitions ten-
dant à obtenir, par le crédit de leurs hautes puissances, des places
d'employés dans leur administration, et leur bureau fut le palais direc-
torial d'où s'expédiaient les grâces dont ils daignaient honorer leurs
amés et féaux protégés. Ce fut une chose pitoyablement risible à voir,
que cette métamorphose subite d'un tas de gredins venus de je ne sais
où, et appartenant à je ne sais qui, de les voir, dis-je, transformés
tout-à-coup en personnages d'importance, et se pavaner fièrement en
s'entendant appeler M. le directeur, M. l'inspecteur, M. le payeur!...,
etc, etc. Il ne manquait à cette kyrielle que le nom de *voleurs*; nous
verrons, dans peu, si ces messieurs ne peuvent pas à juste titre re-
vendiquer cette qualification.

Voici donc quelle fut l'organisation de cette administration :

1° Deux administrateurs-généraux chargés en chef de la direction
de tout le service ;

2° Une quinzaine de directeurs particuliers pour un égal nombre
d'hôpitaux ;

3° Un inspecteur chargé spécialement de leur surveillance ;

4° Un caissier dépositaire des fonds destinés à la solde de tous les
prisonniers résidant à Vilna ;

5° Un garde-magasin principal chargé des fournitures en vivres et
effets d'habillement à délivrer aux hôpitaux ;

6° Enfin, une multitude de scribes ou employés subalternes dont le
moindre était à la paye d'officier supérieur.

Toutes les dépenses à faire pour les réparations des hôpitaux, et les
achats d'objets d'utilité *indispensable*, devaient être approuvées sur la
seule présentation des états *ad hoc* fournis par les directeurs particuliers, et revêtus de la légalisation de MM. les administrateurs-généraux.

Qui ne croirait, d'après une organisation semblable, qu'on ne dût
attendre de cette administration les meilleurs effets, et de la voir justi-
fier par une conduite basée sur l'intention de son créateur, l'honorable
mission dont elle était chargée? Il est au moins certain qu'en supposant
que ceux à qui elle était confiée fussent tous des honnêtes gens, les
prisonniers français avaient lieu de tout espérer de la mesure paternelle
qui avait commis à leurs compatriotes le soin d'alléger leur situation.

Les bâtiments qui, pendant le séjour de l'armée française à Vilna,
avaient servi d'hôpitaux, étaient, lors de la création de cette adminis-

tration, dans un état de délabrement affreux, et encombrés par une multitude de cadavres et d'hommes mourant journellement faute de secours. Il semble que le premier soin des nouveaux administrateurs aurait dû avoir pour but le prompt déblaiement de ces receptacles de mort, et d'arrêter ou de ralentir au moins par ce moyen, les progrès effrayants de la contagion. Cet acte d'humanité et de devoir sauvait des milliers d'individus, et signalait à la reconnaissance de tous les français prisonniers à Vilna, les premiers pas d'une administration naissante qui promettait pour l'avenir tant d'heureux résultats. Eh bien, pourra-t-on croire que mus par les vues d'intérêt les plus sordides, plusieurs directeurs, loin de mettre leurs soins à faire cesser la confusion désolante qui régnait dans leurs hôpitaux, eurent la barbarie de chercher, dans le prolongement de cette même confusion, un aliment à leur cruelle cupidité?... Des français ne craignirent pas de sacrifier aux plus horribles spéculations la vie d'un nombre infini de leurs malheureux compatriotes!! Voici quel était le raisonnement de ces cannibales : « le » désordre qui règne dans nos hôpitaux ne permet pas aux autorités » russes de se convaincre, par elles-mêmes, de l'exactitude de nos états » de solde, sur lesquels nous pouvons faire figurer autant d'hommes » que bon nous semble, et ajouter, comme on dit, un zéro de plus. » Il est donc de notre intérêt de le prolonger autant que possible ; car, » il est à craindre que le rétablissement d'une organisation regulière » n'amène la diminution de nos profits. » C'est d'après ce calcul qu'ils laissaient périr, tous les jours, une multitude d'infortunés que des secours bienfaisants auraient pu conserver à la vie. Un de ces directeurs, nommé Q..... est peut-être lui seul la cause de la mort de plus de cinquante officiers prisonniers qui se trouvaient malades à l'hôpital dont il était le chef. Ce monstre avait la scélératesse de garder devers lui, pendant quatre, cinq et six jours, la solde qu'il percevait, toutes les décades, pour le payement de ses officiers, et cela dans l'espoir que, dans cet espace de temps, il en mourrait vraisemblablement quelques-uns, de la solde desquels il profiterait. Qu'arrivait-il? Que ces malades qui avaient été entièrement dépouillés par les cosaques, ne pouvaient se procurer des moyens de guérison, et qu'ils périssaient faute des secours pécuniaires qu'ils auraient dû avoir et dont les frustrait le brigandage de leur directeur. Ce Q..... était tellement convaincu de l'exécration que lui ont vouée tous les prisonnier français, qu'il a, dit-on, l'intention, ainsi que quelques-uns de ses dignes collaborateurs, de fixer désormais son séjour en Russie; si cela est vrai, je crois que c'est le parti le plus prudent qu'ils puissent prendre; car, ils deviendront peut-être un jour grands seigneurs dans ce pays là, tandis que s'il existe encore une ombre de justice humaine, ils n'ont à espérer en France qu'un emploi à vie sur les chantiers de Rochefort ou de Toulon.

Enfin, deux ou trois mois de travail ramenèrent un peu d'ordre et de tranquillité, et l'administration des hôpitaux prit dès-lors une marche plus régulière; les cadavres furent enlevés, les salles un peu réparées, et la santé des malades confiée aux soins de plusieurs médecins et chirurgiens français, pris aussi parmi les prisonniers; un supplément de solde, à titre de traitement d'activité, fut accordé à tous ceux qu'on employa à ce service. Malgré ces améliorations, les malades étaient encore loin de jouir du bien-être qu'ils avaient droit d'attendre, et les exactions de leurs administrateurs étaient toujours les mêmes : l'agiot du change des monnaies, la vente du bois et des lumières destinés au chauffage et à l'éclairage des salles, celle d'une partie des comestibles et autres fournitures réservées à l'usage des malades étaient autant de moyens de dilapidation par lesquels ces messieurs trouvèrent, dans peu, aux dépens de leurs compatriotes prisonniers, le talent d'arrondir considérablement leur bourse. Ce qu'il y a d'assez étonnant c'est que les autorités russes chargées de les surveiller aient été assez aveuglées pour se refuser à l'évidence de ces déprédations, ou assez faibles pour les tolérer. Quoi de moins équivoque, par exemple, que l'impudence avec laquelle la plupart de ces effrontés fripons étalaient à tous les yeux le luxe le plus révoltant ? Eh quoi, pendant que plus de dix mille malheureux français gémissaient dans les horreurs de la misère et des privations de tout genre, une vingtaine de voleurs titrés nageaient dans l'opulence et ne se refusaient aucune espèce de jouissance !!! La maison d'un aventurier, nommé C....., était la sentine qui servait ordinairement de théâtre à leurs orgies. Que de fois les hurlements d'ivresse, sortis de cet antre de débauche, ont étouffé la voix suppliante du malheureux qui demandait du pain !! Tandis que la plupart des officiers prisonniers étaient couverts d'habits de soldats, messieurs les administrateurs se paraient des vêtements les plus somptueux. Jeux, femmes, bals, spectacles, tous ces plaisirs leur étaient familiers; quelques-uns même ont poussé l'effronterie jusqu'à avoir équipage et maison de campagne! Qu'on juge, d'après ce tableau, à quelles mains on avait confié le soin des prisonniers français à Vilna Il est affligeant de ne pouvoir pas se dissimuler que les malversations de l'administration française des hôpitaux de Vilna sont, sans contredit, la cause de la mort d'un tiers au moins des prisonniers qui ont péri dans cette ville.

COUP D'OEIL SUR LA CAMPAGNE DE 1812, EN RUSSIE.

C'est d'après les différentes passions qui les agitent , que les hommes ont coutume de raisonner des événements. L'intérêt personnel , l'ambition, l'amour-propre, voilà ordinairement les prismes à travers lesquels ils jugent des actions de leurs contemporains : peu sont assez exempts de partialité pour régler leurs opinions sur l'exacte justice ; la postérité seule tient d'une main ferme la balance , et assigne irrévocablement à chacun le degré de louange ou de blâme qu'il a mérité.

Personne , peut-être , n'est autant exposé à l'injustice des jugements du public qu'un général d'armée. A-t-il des succès, l'envie les attribue au hasard encore plus qu'à son génie ; éprouve-t-il un revers, lui seul en est comptable, et ses succès passés sont oubliés. Qui , plus que Napoléon , nous offre un exemple de l'instabilité de ces jugements? Quinze ans de gloire et de victoires non interrompues ont disparu aux yeux de certains humoristes, devant un revers momentané que nous étions aussi loin de soupçonner que nos ennemis même de l'espérer.

Je n'examinerai pas quels sont les différents motifs qui ont pu amener la rupture du traité de Tilsitt. Le secret des cabinets ne permettant pas , en matière de politique, de hasarder des conjectures qui sont souvent erronées, je répéterai seulement, d'après le manifeste de l'empereur Napoléon, que la principale cause de la déclaration de guerre de la France à la Russie , en 1812, est le refus fait par cette dernière , d'observer les clauses du traité de Tilsitt , et notamment les articles relatifs au maintien du système continental par lesquels la Russie s'était engagée à fermer ses ports à l'Angleterre. Le rétablissement du royaume de Pologne fut , sans doute, aussi un des principaux motifs de cette guerre, et il était digne d'un grand homme de remplir le vœu d'une nation généreuse qui , depuis près d'un demi-siècle , gémit sous l'oppression de ses plus irréconciliables ennemis

Il s'agissait donc de porter la guerre dans un pays inconnu pour nous, et à 500 lieues de nos frontières : les peuples de la confédération nous offraient des secours de toute espèce ; la Prusse elle-même crut devoir accorder le libre passage sur son territoire, et nous donna même un renfort de troupes auxiliaires. Des innovations, dans le charroi de l'armée, promettaient des moyens de subsistance assurés , et le nombre de places fortes que nous occupions en Prusse, nous tranquillisaient sur ce pays.

A l'aide de ces moyens, cinq cent mille hommes, dont environ un quart de troupes alliées, se trouvaient réunis sur les bords du Niémen , vers le milieu de juin 1812. Le passage de ce fleuve s'exécuta sans obstacle le 24 du même mois ; et l'Empereur, après avoir envoyé sur la route de Riga un corps de 10,000 h., presque tous Prussiens, sous les ordres du maréchal Macdonald, prit, avec le reste de son armée, le chemin de la capitale de la Lithuanie. Quelques partis de cavalerie voulurent en disputer l'entrée à nos troupes, et furent bientôt repoussés. L'armée française entra dans Vilna le 29 juin. Le séjour de l'empereur Napoléon dans cette capitale des Jagellons, attira bientôt sous ses drapeaux une foule innombrable de Lithuaniens et de Polonais, qui voyant en lui le restaurateur de la liberté et de l'indépendance des descendants de Sobieski, s'empressaient de venir grossir ses rangs. Napoléon ne resta à Vilna que le temps nécessaire pour organiser l'administration de cette ville, dont il avait résolu de faire le centre des nouvelles provinces confédérées, et prit de suite après la route de Smolensk. Il avait détaché sur sa droite une partie du 1er corps, sous les ordres du prince d'Ekmüll, qui, réuni au corps de Westphaliens commandé par le roi Jérôme, devait arrêter à Minski, celui de Bagration, qui venait d'un autre côté et empêcher sa jonction avec le reste de l'armée Russe. La lenteur que les Westphaliens apportèrent dans ce mouvement, donna le temps à Bagration d'arriver avant eux à Mohilow, où, après un combat livré entre les divisions du prince d'Ekmüll et les troupes russes trois fois plus nombreuses, ces dernières parvinrent à opérer leur marche sans obstacles. Il n'est pas inutile de s'appesantir sur cet événement, que l'exécution des ordres de l'Empereur aurait infailliblement prévenu, et dont le résultat, fruit d'une coupable négligence, fut une augmentation de force du côté de nos ennemis.

Napoléon chassait devant lui les troupes Russes qu'il rencontrait sur le chemin de Smolensk : Ostrowo fut le lieu où se livra le premier combat réglé; la prise de Vitepsk le suivit. Smolensk tombe en notre pouvoir après la plus vigoureuse résistance, et les journées célèbres des 5, 6 et 7 septembre, nous ouvrent les portes de Moscow. Tous ces succès furent l'ouvrage de 2 mois. Je sais que les Russes ont voulu faire accroîre, surtout depuis les événements postérieurs, que leur plan de campagne avait été de se retirer à l'aspect de nos troupes, pour nous engager bien avant dans leur pays, et, à les entendre, nous serions entrés dans Smolensk et dans Moscow sans éprouver de résistance, mais seulement parce que cela cadrait parfaitement avec leur plan. Or, je demande si les journées d'Ostrowo, de Smolensk, de Valentino, et surtout celle de Mojaïsk, sont une preuve de l'exécution de ce fameux plan ? Disons plutôt que l'orgueil humilié des Russes battus partout où nous les avons rencontrés, trouvait dans cette assertion un dédommagement à la honte que leur faisaient éprouver leurs défaites.

Un projet auquel le gouvernement Russe a donné le nom de patriotique, mais dont il avait eu soin auparavant de dérober la connaissance à son peuple qui n'aime pas trop ces actes de patriotisme, fut l'incendie de Moscow. Un émissaire anglais, à l'aide d'un de ces moyens innocents que le cabinet de Londres met si souvent en pratique, parvint à incendier cette capitale, sans que les habitants eux-mêmes eussent eu le moindre soupçon du but des préparations clandestines qui avaient précédé cet acte de délire. Rien ne prouve mieux la crainte où était le gouvernement Russe qu'une telle résolution ne reçût pas l'assentiment des habitants de cette ville, et que tout l'odieux n'en rejaillît sur lui, que les précautions qu'il prit d'abord pour en assurer l'exécution, et le soin avec lequel il s'efforça ensuite de persuader au peuple que les Français étaient les auteurs de l'incendie de Moscow. Cette opinion est tellement accréditée parmi la classe crédule des habitants des campagnes, et le gouvernement Russe a su tellement en profiter, qu'il s'en est servi comme un des principaux mobiles de la haine que ces peuples nous ont vouée.

L'armée française qui s'était trouvée affaiblie par les marches pénibles et les combats qu'elle avait eu à essuyer depuis deux mois, croyait rencontrer à Moscow un soulagement à ses fatigues et aux privations qu'elle avait éprouvées le long d'une route déserte, se vit tout-à-coup au milieu des décombres et privée des moyens de subsistance qu'elle avait espéré trouver dans cette capitale, et qui, par suite du système incendiaire adopté par le gouvernement Russe, était devenue la proie des flammes. Les approvisionnements des magasins qu'elle avait sur ses derrières, malgré les assurances des peuples Lithuaniens et les ordres donnés en conséquence par l'empereur Napoléon, s'opéraient fort difficilement, et d'ailleurs les campagnes se trouvant abandonnées et ravagées à plusieurs lieues de rayon des grandes routes, il n'était guère possible à nos convois d'arriver sûrement à Moscow. On sent dès-lors qu'un plus long séjour dans cette capitale eût entraîné la perte de l'armée française, qui se voyait au moment d'être affamée, et à l'approche d'une saison rigoureuse, au milieu d'une ville en cendres, n'avait d'autre parti à prendre que de se replier sur ses derrières. Un des motifs qui avait engagé l'empereur Napoléon à prolonger son séjour dans Moscow, était les négociations de paix entamées avec le gouvernement Russe, qui ne s'était servi de ces feintes dispositions que pour arrêter la marche victorieuse de notre armée, et gagner le temps de rassembler ses forces pour reprendre l'offensive.

Napoléon quitta donc Moscow vers la fin d'octobre, et opéra sa retraite sur Smolensk. J'ai déjà dit que la grande route avait été entièrement ravagée par les Russes eux-mêmes, qui, en se retirant, avaient brûlé les villes et villages circonvoisins, d'où il résultait une disette absolue de subsistances dont notre armée eut extrêmement à souffrir. Cette pénurie jointe à la rigueur démesurée d'un climat nouveau et dont l'âpreté était jusqu'alors inconnue à nos soldats, fut la cause du désordre qui se mit dans l'armée, désordre qui s'accrut par la suite, en raison de l'augmentation des deux funestes causes qui l'avait produit. L'armée Française ayant dès-lors à lutter contre l'armée Russe d'un côté, et la faim et le froid de l'autre, fut contrainte d'abandonner un pays qu'elle avait conquis dans l'espace de deux mois, et que des événements indépendants de toute prévoyance l'avaient forcé d'évacuer.

Résumons : l'adoption du système incendiaire, dont les Russes, à l'instigation du cabinet anglais, ont fait usage dans cette campagne, est, sans contredit, un des principaux motifs qui ont occasionné notre retraite, parce qu'en nous privant des moyens de subsistance dont nous avions besoin, il nous mettait dans la nécessité de quitter un pays où nous risquions de mourir de faim. En second lieu, les secours que nous avions droit d'espérer de nos derrières ne sont point parvenus, soit par la faute de ceux qui étaient chargés de les diriger, soit parce que les Lithuaniens n'ont point tenu les promesses qu'ils avaient faites. Enfin, l'extrême rigueur d'une saison prématurée est devenu le complément funeste de ces incidents malheureux, d'où je conclus que c'est à tort que certaines gens ont voulu attribuer à l'imprévoyance de Napoléon, un événement qui avait sa source dans des causes indépendantes du génie d'un chef d'armée, dans un pays dont il n'était pas présumable que l'ennemi lui-même fît un désert, et que c'est au froid surtout, à ce puissant auxiliaire, que l'armée Russe est redevable du prétendu succès qu'elle a remporté sur la nôtre, succès que n'aurait jamais pu obtenir la seule force de ses armes.

Cette troisième partie des mémoires du capitaine Philip est terminée par une liste des officiers prisonniers de guerre qu'il a connus à Vilna, durant sa captivité de 1813. Elle contient 114 noms que nous ne croyons pas utile de consigner ici. Nous dirons seulement les grades ou emplois des captifs. Il y avait : 1 général de division, 2 colonels, 1 chef de bataillon ; 20 capitaines, 1 adjudant major, 33 lieutenants, 12 sous-lieutenants, 1 aspirant de marine, 31 médecins ou chirurgiens, 1 sous-inspecteur des convois aux chairs, 1 adjudant commissaire des guerres, 4 garde-magasins, 5 employés du trésor, 1 inspecteur des fourrages.

NOTES.

Nous avons dit, en commençant cette publication , l'impossibilité dans laquelle nous nous trouvions de reproduire la première partie des mémoires de M. Philip , et nous avons formulé nos motifs. Maintenant, nous allons revenir sur ce que nous avons omis, et nous allons essayer de suivre le narrateur dans sa marche de Paris à Smolensk, glanant à droite et à gauche dans son récit moitié sérieux , moitié badin.

Départ de Paris le 28 avril 1812 ; le 4 mai à Verdun , le 7 à Metz, le 17 à Mayence , et le 19 à Francfort « où commencent les repas et les moyens de transport, *gratis pro Deo* , agrément qu'on rencontre dans tout le pays de la confédération, et qui vous procure le double avantage de conserver vos kreutzers et de voyager commodément. » — Le 27 à Gotha , le 31 à Weissempels, petite ville à trois lieues de laquelle « on aperçoit, à gauche de la route, une pierre sculptée , élevée à la même place où Gustave-Adolphe fut tué. » — Le 1er juin à Leipsik , le 7 à Berlin, le 28 à Marienbourg, le 2 juillet à Kœnigsberg , le 17 à Tilsitt , et le 28 à Vilna. — Le 15 août à Vitepsk, et le 18 à Smolensk.

« Vilna est assez bien bâtie ; sa population est d'environ 30,000 âmes , dont les Juifs forment les deux tiers. Nulle part les enfants d'Israël ne jouissent d'une existence plus tranquille ; nulle part cette horde vagabonde ne peut se livrer, avec plus de sécurité et de succès , à sa rapacité commerciale. C'est vraiment un spectacle à la fois risible et repoussant que l'aspect et l'odeur de ces barbes sales et dégoûtantes , de ces haillons bizarrement arrêtés et soutenus par des cordes , et de cette chamarrure grotesque de perles et de pierres précieuses qui sert si bien à faire ressortir les lambeaux dont est composé le reste de l'accoutrement des élégants Israélites.... — Heureusement, la parure, le ton , la physionomie et les manières agréables des dames polonaises qui habitent Vilna , dédommagent amplement du tableau repoussant que présente la gent hébraïque. Il est aisé de s'apercevoir que les modes françaises étendent leur empire jusque dans les climats glacés du nord, et, n'en déplaise à nos aimables parisiennes, il faut convenir que les dames polonaises ont quelquefois l'art de surpasser agréablement leurs modèles.... »

Après avoir publié au complet la deuxième et la troisième partie des mémoires du capitaine Philip, nous ferons pour la quatrième ce que nous avons déjà fait pour la première, c'est-à-dire que nous nous bornerons à quelques indications. « Cette partie de mon itinéraire, dit l'auteur lui-même, contient mon voyage de Vilna à Saratof : l'uniformité, ou, pour mieux dire, la presque nullité d'événements qu'elle présente, me la rend personnellement moins intéressante que celles qui la précèdent, car ce qu'elle renferme n'offre qu'une description bien succinte d'un pays que je n'ai pu voir qu'en courant et dans une situation peu favorable à l'observateur. »

Départ de Vilna le 6 juillet 1813, le 15 à Minsk, le 1er août à Robruisk, le 15 à la frontière de la Lithuanie. « Avant de quitter la Pologne, je tâcherai de donner un aperçu général de ce pays, sur lequel, d'ailleurs, la nature et le peu de durée de mon séjour n'ont pu me fournir que des notions superficielles. » Voici ce fragment rempli d'intérêt :

La Pologne, sous ses anciens rois, offrait l'aspect d'une puissance formidable, et pouvait, tant à cause de l'étendue de son territoire que des ressources qu'il présente, être comptée au nombre des premiers États de l'Europe.

La triple et secrète alliance des maisons d'Autriche, de Prusse et de Russie, en 1772, en faisant tomber le sceptre des mains de Stanislas, assujettit ses états à la loi des vainqueurs, et assigna, à chacun d'eux, la portion du pays conquis qui dut dès-lors passer sous leur domination. L'adroite Catherine eut le duché de Lithuanie et tout le pays enclavé entre le Dnieper et la Memel ; annexée depuis ce temps à l'empire de Russie, cette partie de la Pologne a constamment, jusqu'à nos jours, été gouvernée par les descendants de là Sémiramis du nord, et soumise au même mode d'administration qui régit le reste de leurs états.

Cependant, malgré l'influence ordinaire de l'introduction des lois du vainqueur dans le pays conquis, malgré les modifications que ces mêmes lois apportent en général dans les mœurs et les usages des peuples qui y sont soumis, on peut dire que la Pologne, assujettie et gouvernée séparément par différents souverains, n'a pas cessé de conserver, au milieu de ces administrations diverses, ce type original et cette physionomie nationale à l'aide desquels, nonobstant les révolutions politiques qu'il a pu essuyer, on reconnaît toujours un peuple fier de sa gloire passée, et chez lequel près de quarante ans d'oppression ont doublé le désir de l'indépendance. C'est donc à ce sentiment auquel vient s'allier nécessairement la haine qu'ils ont conçue contre leurs oppresseurs et surtout contre les Russes, que l'on doit attribuer cette unité invariable de principes patriotiques qui distingue les Polonais, et qui, en nous présentant le centre commun de leurs affections, nous laisse à découvert le caractère de la nation; d'où il est encore facile de conclure que, malgré les différents régimes auxquels le démembrement de cet état a donné lieu, ses habitants nous offrent collectivement une uniformité de mœurs qui fait que le Lithuanien et le Galicien, l'habitant du duché de Varsovie et celui de Volhinie, se ressemblent tous sous ce rapport, et que connaître conséquemment l'une ou l'autre de ces parties de l'ancien royaume de Pologne, c'est avoir une idée suffisamment exacte du reste du pays.

D'après ce principe, je ne croirais pas m'écarter de la vérité en appliquant à la Pologne en général, les observations que j'ai eu occasion de recueillir pendant mon séjour dans l'une de ses plus vastes provinces.

On se tromperait étrangement si l'on pouvait croire que la rigueur du climat de la Pologne, en influant désavantageusement sur son sol, lui ôte tout moyen de fertilité et tout espoir d'abondance. Ce pays, à la vérité, placé sous une zône généralement froide, et couvert de neiges pendant une moitié de l'année, est loin, sans doute, d'offrir, dans le développement de ses productions, cette variété abondante dont une atmosphère plus égale, enrichit les contrées méridionales de la France. Mais si d'un côté la Pologne se trouve privée, pendant six mois, de la douce chaleur d'un soleil fécondant, il faut convenir que la nature bienfaisante a su, par une sage compensation, dédommager son sol de l'inaction apparente que la présence des frimas ferait soupçonner. Car, à peine les rayons moins obliques de l'astre vivifiant ont enlevé à la terre l'enveloppe liquide qui la couvrait, que l'on voit aussitôt sa surface étaler les prémices d'une végétation hâtive, et l'espoir consolant d'une moisson prochaine. Rien de plus surprenant, en effet, que le tableau animé que présentent tout-à-coup ces plaines verdoyantes et naguère ensevelies sous la neige. C'est aussi à cette promptitude du développement des germes, que les Polonais doivent la faculté de pouvoir fixer l'époque de la récolte au troisième mois qui suit l'apparition des premiers indices de végétation.

Beaucoup de blé et une grande quantité de seigle forment une des principales branches du commerce d'exportation de la Pologne. Ses lins, ses chanvres, la poix, la résine et les bois de construction qu'elle retire de ses immenses forêts, vont approvisionner annuellement les chantiers des puissances maritimes. La potasse qu'elle recueille en abondance, et le sel qu'elle extrait des mines de Wiliska lui fournissent, indépendamment de la consommation territoriale de ces deux objets, un superflu qui rend les pays limotrophes ses tributaires en ce genre.

Sous le rapport du règne animal, la Pologne présente, à peu de chose près, les mêmes productions que l'on trouve dans nos provinces. Ses chevaux, cependant, sont loin de pouvoir soutenir le parallèle avec ceux de France, quoique d'ailleurs ils soient généralement estimés en Pologne, où on les emploie, avec succès, aux remontes de l'excellente cavalerie légère de ce pays. Les chevaux polonais, connus parmi nous sous le nom de *cogna*, sont petits et généralement mal faits, mais d'une agilité sans égale. Privés des grâces qui ajoutent encore à la bonté de nos chevaux normands et limousins, les *cogna* n'en sont pas moins propres à la course, et il semble que la nature, en les douant d'une grande vitesse, ait voulu les dédommager des agréments extérieurs qui leur manquent.

L'âne, cet animal dont nous ne dédaignons pas les services, et dont les Espagnols surtout reconnaissent l'utilité, n'est point connu dans les climats du nord.

J'ai déjà dit quelles étaient les productions territoriales qui servaient au commerce d'exportation de la Pologne : son industrie nationale étant à peu près nulle, elle est obligée de recevoir de l'Allemagne, de la France ou de l'Angleterre, les objets de luxe ou même de nécessité dont elle est et sera probablement toujours dépourvue.

La constitution de ce pays, en divisant la nation en deux corps bien distincts (les nobles et les serfs), les a également éloignés des occupations commerciales, et a abandonné cette branche à cette classe vagabonde qui a trouvé en Pologne plus que partout ailleurs. , le secret d'alimenter sa cupidité insatiable, en spéculant sur l'inaptitude des indigènes et sur son industrieuse activité.

C'est donc aux Juifs qu'est confié entièrement le commerce de l'intérieur ; au reste, point de manufactures, point d'établissements nationaux, point de motifs d'émulation ou d'encouragement, en un mot point d'industrie et conséquemment point de richesses.

La religion catholique romaine est la dominante en Pologne, mais le nombre considérable des Juifs qui habitent ce pays et la diversité des religions que professent les états auxquels il est soumis, ont dû néceslairement y introduire l'exercice des cultes hébraïque, grec, luthérien, calviniste, etc., etc.

Pour juger sainement des mœurs et du caractère des habitants de la Pologne, il faut préalablement faire la distinction des deux classes qui ses composent, et qui, dans ce pays, plus que partout ailleurs, présentent une nuance trop marquée pour qu'il soit possible de les envisager, sous ce rapport, collectivement.

La première, la moins nombreuse et la plus puissante, celle qui jouit enfin des prérogatives attachées à la naissance et à la fortune, est celle des nobles. Uniquement occupée de ses titres et du bien-être qu'ils lui procurent, cette classe se plaît à jouir de ses priviléges, et regarde l'autre comme l'instrument passif de ses volontés suprêmes. Le noble Polonais, en effet, est tellement persuadé de l'étendue de ses droits et de l'universalisé de son pouvoir, que tout ce qui n'est pas de sa caste lui paraît destiné à reconnaître sa supériorité et à ramper devant ses caprices. Accoutumé, dès le berceau, à se voir entouré d'esclaves qui obéissent au moindre geste, qui se prosternent devant lui dès qu'ils le voient paraître, qui tremblent dès qu'il parle, le noble Polonais reste convaincu qu'il n'est point pétri du même limon que les autres hommes, et que l'espèce de culte qu'on lui rend tient à l'essence supérieure de son être. De cette persuasion résulte nécessairement l'orgueil de lui-même, le mépris des autres, et trop souvent la dureté qui lui fait compter pour rien l'existence et la vie même de ses vassaux. (1)

Ce qu'il y a de plus pitoyable dans cette vanité du gentilhomme Polonais, c'est que la plupart du temps on ne sait pas sur quoi elle peut être fondée. Car, si au défaut des talents ou des qualités morales qu'il n'a pas, un homme peut espérer d'éblouir la multitude par le brillant de la fortune, et acquérir par là un certain rang dans le monde, à quel genre de considération peut prétendre celui qui, dépourvu de talents, de qualités et de biens, n'en affecte pas moins ce ton supérieur et cette morgue insultante qui n'est que trop souvent l'apanage des heureux du siècle, et qu'il ne peut étayer, lui, que sur *de vieux parchemins, nourriture des rats?* Voilà pourtant le cas de presque tous les baronnets de Pologne, ignorants comme des moines, gueux comme

---

(1) Dans presque tous les châteaux, le luxe d'une fortune mal administrée et s'écroulant sous le poids de dettes usuraires; un grand nombre de domestiques et de chevaux, et presque pas de meubles; un luxe oriental et aucune des commodités de la vie; une table somptueuse ouverte à tous les voyageurs, et point de lit dans les appartements, hors ceux du maître et de la maîtresse du logis; une vie presque totalement employée en courses et en voyages, mais avec la triste nécessité de tout porter avec soi, car sur toutes les routes, excepté dans quelques grandes villes, il n'existe point d'auberges.

des rats d'église, et fiers comme des prélats. Leur devise n'est pas celle de l'évangile: *humilité dans la richesse;* mais bien *fierté dans la misère.*

Au reste, la classe aisée se distingue par une politesse de mœurs généralement bien soignées. C'est surtout chez les femmes que l'on trouve cette aménité de caractère, cette grâce dans le maintien, cette amabilité dans la conversation, fruits d'une heureuse culture, et qui, en doublant le prix de la beauté, font le plus précieux ornement du sexe. Les dames Polonaises, en effet, présentent individuellement une réunion de talents aimables, qui ajoute infiniment aux grâces naturelles dont elles sont assez communément douées, et, sous ce rapport, les comparer à nos dames Françaises, ce ne serait peut être pas leur rendre un suffisant hommage. Je demande bien pardon à mes jolies et sémillantes compatriotes de cette observation anti-nationale, mais il faut convenir que généralement parlant, l'éducation des femmes en France est moins soignée qu'en Pologne, où il n'est pas rare d'en trouver auxquelles non-seulement tous les arts d'agrément sont familiers, mais qui y réunissent encore une instruction variée et la connaissance de 2 ou 3 langues vivantes.

N'étant point dans l'intention d'entrer dans de trop longs détails sur les mœurs et les usages des nobles Polonais, je terminerai cet article en disant que la civilisation de cette classe, en général, nous offre, à cet égard, les mêmes résultats que présentent à nos yeux les nations policées de l'Europe, et qu'il n'y a, au reste, d'autres différences que celles qui sont adhérentes à la nature du pays.

Il me reste à parler de cette malheureuse classe d'habitants de la Pologne, connue sous le nom de *serfs.* Jamais nom ne mérita mieux que celui-là d'être envisagé dans ce pays sous sa signification la plus étendue. Il est difficile, en effet, d'imaginer à quel degré d'avilissement et d'infortune les paysans Polonais son assujettis par leur état. Dépendant entièrement de leurs Seigneurs, dont ils cultivent les biens sans rétribution aucune, ils arrosent de leur sueur un sol qui ne leur fournit pas même de quoi soutenir leur existence pénible, et se trouvent souvent dans la nécessité de soustraire, par des moyens illicites, mais qu'excuse sans doute leur malheureuse situation, des secours qui auraient dû être la récompense de leurs travaux. Il faut avoir été en Pologne et être entré quelquefois dans les habitations des paysans de ce pays, pour se faire une idée de l'état misérable dans lequel ils vivent. Qui croirait que le pain même de seigle est un mets inconnu pour la plupart d'entr'eux, et chez les autres une preuve d'aisance peu commune? Des galettes de sarrazin, des choux cuits dans l'eau et sans assaisonnement, des navets, des concombres, des oignons crus, et de l'eau pour boisson, voilà ce qui compose ordinairement les repas d'un paysan Polonais. Si, par quelque adroit moyen, ou bien par un acte de libéralité peu commune de la part de son seigneur, il parvient à se procurer quelquefois un petit verre de voodki (mauvaise eau-de-vie du pays) , il ne trouve rien au-dessus de cette jouissance , et ne croit pas pouvoir la mieux reconnaître qu'en baisant respectueusement les pieds de celui qui la lui a procurée. Je n'ai jamais vu de spectacle plus tou chant et à la fois plus pénible , que celui dont quelques méchants verres d'eau-de-vie que je donnais quelquefois à mes conducteurs, m'ont rendu le témoin. J'aurais , je crois , sauvé leurs dos d'une série de cent ou deux cents coups de fouet , dérobé leur personne et celles de leur famille à la poursuite cruelle d'un maître irrité , que je n'aurais pas reçu, de leur part , plus de génuflexions , de baisements d'habits et autres marques de reconnaissance , qu'ils m'en donnaient , quelque effort que je fisse pour m'y soustraire , à l'occasion d'une gratification d'un mauvais verre de *voodki*. C'est , en effet , un des plus puissants mobiles à l'aide desquels un étranger puisse disposer entièrement , dans ce pays , des services d'un habitant ; il est sûr de le faire marcher dix lieues de jour ou de nuit , en lui faisant apercevoir au bout de sa course une bouteille d'eau-de-vie pour récompense. C'est à ce goût déterminé pour cette liqueur que les Polonais sont redevables d'un penchant à l'ivrognerie dont la haute classe même n'est pas toujours exempte.

Quoi qu'il en soit de cette manière de vivre et de se nourrir , les paysans Polonais sont généralement robustes , et ils résistent encore assez longtemps aux travaux pénibles , aux mauvais traitements et à la mauvaise nourriture. Il n'est pas étonnant de voir, dans ce pays , des exemples nombreux d'une longévité d'autant plus intéressante , qu'elle ne présente que le tableau déchirant d'une vieillesse malheureuse.

Il me serait trop pénible et trop douloureux de retracer ici tous les genres de souffrance et d'humiliation auxquels sont assujettis les paysans Polonais. L'humanité gémit à l'aspect de ces êtres qui , doués par le père commun des hommes des facultés qui distinguent leurs semblables , n'en sont pas moins contraints de vivre comme la brute , et de ne se rappeler qu'ils sont hommes que par le sentiment des maux qu'ils endurent. Courbées sous un joug de fer , ces malheureuses victimes de la féodalité la plus absolue , naissent pour souffrir, et arrivent , à travers un déluge de tribulations , à ce moment heureux qui vient les délivrer pour jamais d'une existence importune et bien souvent odieuse.

Je terminerai cet article en répétant ce qu'un de nos publicistes modernes , M. Delacroix, a dit à l'occasion de l'état misérable des *serfs* Polonais « le paysan Polonais, dit-il , est si malheureux qu'il n'a pas » même la force de désirer un autre sort. » J.-J. Rousseau pensait sans doute à ce malheureux peuple , lorsque sa plume éloquente traçait ainsi l'état d'abjection des hommes courbés sous le joug de l'esclavage :

« Les esclaves, dit ce noble défenseur de la liberté , perdent tout

» dans leurs fers, jusqu'au désir d'en sortir; ils aiment leur servitude
» comme les compagnons d'Ulysse aimaient leur abrutissement. »

Nous entrons en pleine Russie : à Tchernigow, dès le 20
août; le 20 septembre à Novogorod-Severski, le 22 à Elets,
le 8 octobre à Tambof, le 4 novembre à Saratof. « Ce fut
dans cette ville qu'on fixa le terme de notre voyage ; sept
mois se sont écoulés depuis notre arrivée. C'est précisément
après sept mois de séjour à Saratof, et dix-huit de captivité
en Russie, que nous recevons, au moment où j'écris ceci,
la nouvelle de notre retour dans la patrie. Ce beau jour efface
à nos yeux deux ans de peines, d'afflictions et de misères,
et nos cœurs s'abandonnent à la joie la plus vive en pensant
que bientôt nos pieds fouleront le sol de nos pères.

« Me voilà arrivé au terme de ma relation. L'oisiveté
adhérente à ma situation de captif, peut-être même l'idée de
comparer un jour ce temps de crise avec des circonstances
plus heureuses, voilà les seuls motifs qui m'ont mis la plume
à la main. Ecrivant seulement pour moi, je n'ai pas cherché
à répandre sur les événements de ma captivité en Russie,
l'intérêt que j'aurais pu mettre dans un roman, et dont je
sens, d'ailleurs, que mon sujet ne peut être susceptible que
par rapport à moi. Le peu de soin que j'ai apporté à sa ré-
daction, prouve mon peu de prétention à l'élégance du style
et à la réputation d'écrivain. »

FIN.

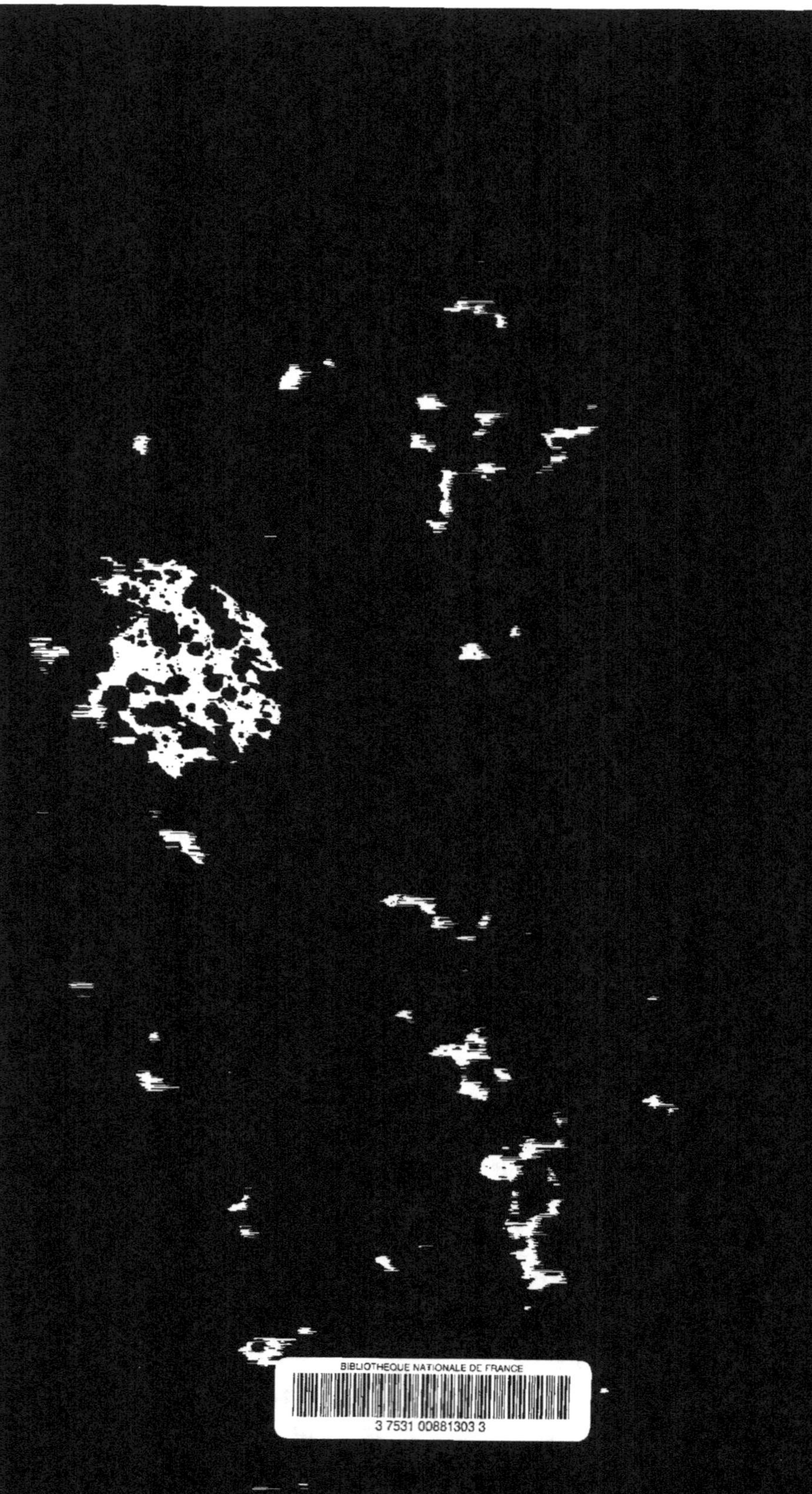